アジアの
博物館と人材教育

東南アジアと日中韓の現状と展望

山形眞理子・德澤啓一 編

雄山閣

刊行にあたって

　わが国では、『アジア太平洋地域の博物館連携にかかる総合調査報告書』（財団法人日本博物館協会・平成 20 年）、『博物館支援策にかかる各国等比較調査研究（アジア太平洋地域博物館国際交流調査報告書』（株式会社文化環境研究所・平成 21 年）、『諸外国の博物館政策に関する調査研究報告書』（公益財団法人日本博物館協会・平成 26 年）等の文部科学省委託事業が実施されているとおり、諸外国における博物館政策や制度に多大な関心が払われてきました。

　また、わが国の博物館の専門人材である学芸員に関しては、『21 世紀の博物館・美術館のあるべき姿—博物館法の改正に向けて—』（日本学術会議博物館美術館等の組織運営に関する分科会・平成 29 年）等に見られるとおり、欧米の資格制度と対比することで、専門人材の専門性を高度化する必要があるという提言が行われるようになりました。

　こうした背景には、近年、博物館におけるクロスボーダー、クロスカルチュラルな活動が展開し、とりわけ、共同研究や展覧会等を通じた国際交流によって、一部の拠点的な博物館において、欧米と比肩する専門人材の獲得とその資質の向上が目指されるようになってきたことに理由があります。

　しかしながら、わが国では、社会教育のための博物館という位置付けであり、専門人材に関しては、専門性を獲得するとともに、博物館の機能と役割に関するすべての技術とこれらを運用するという全人的な能力が要求されている現状があります。そのため、わが国の高等教育機関では、専門課程と資格課程が両輪となり、学術と技芸、そして、

教育を担う専門人材養成プログラムを実装することが現実的な対応となっています。

　このように、それぞれの国や地域の事情に応じて、博物館とその専門人材の果たすべき役割が異なるとおり、資格制度や高等教育機関における養成プログラム、博物館学のカリキュラムもさまざまといえます。

　近年、めざましい経済発展を遂げている東南アジア諸国では、欧米からの強い影響下で成立した近代博物館を基盤として、これらの拡充や新たな博物館の建設が進められてきました。今後さらに、政治的、経済的、社会的、教育的、学術的に利活用されていくことになります。

　本書では、ベトナム、ラオス、カンボジア、タイ、西南中国、そして、中国、韓国における博物館事情ととともに、専門人材の資格制度や高等教育機関における博物館学のカリキュラム等を取り上げています。

　執筆者は、博物館学、考古学、文化人類学等を研究基盤にもち、それぞれの国や地域の事情に精通しており、留学やフィールドワーク等の中で接近した現地の博物館学教育、博物館教育、資格制度、養成課程に関する話題をご提供いただきました。各国の多様な事情があるとおり、各稿の内容は、定性的な調査項目を横並びにした記載にはなっていません。むしろ執筆者の専門分野・領域と博物館学・博物館の関係を仄聞できる内容になっているところに本書の特色があります。

2022 年 3 月

山形眞理子

徳澤　啓一

アジアの博物館と人材教育●目　次●

1 近代博物館の成立と東南アジア
―植民地支配の影響と人材教育の果たす役割―

平野　裕子

はじめに

　博物館の定義は時代と共に変化しているが、いわゆる今日私たちが接している博物館である近代博物館は、モノを収集して保存し、調査・研究を基とする展示を行い、また市民、国民の教育のために公開され、非営利性などの要素をもつとされている。この近代博物館は、18〜19世紀にかけてのヨーロッパで誕生した。ヨーロッパ内での文化の発展や成熟がその基礎を作ったことは事実だが、その背景として、博物館が生み出されたきっかけは、ヨーロッパの外の世界、異世界との接触があり、特に15世紀以降、人々の交流や交易が地球規模へと広がり、急速に"世界の一体化"が進むなかで、ヨーロッパの外なるものと出会い、様々な刺激や互いに影響を受けあうことによって発展に導かれた点が重要である。

　そのため、この異世界―外なるもの―との出会いと、互いに影響を受けあったプロセスに焦点をあて、近代博物館が成立する歴史的背景を考察するにあたり、注目すべき時期を大きく3つに分けてみたい。まず第1期として、14世紀から16世紀においてヨーロッパ全土に広がったルネサンスおよび大航海時代を、そして第2期は17世紀から18世紀において、ヨーロッパ諸国の海外進出および文化・科学の発展を過渡期として位置づけ、さらに第3期として18世紀から20世紀初頭を、近代博物館の成立期および発展期と位置づけ、なかでも大きな契機として産業

革命・市民革命ならびに植民地支配を挙げつつ以下に考察を行いたい。

また、ヨーロッパの外の異世界であるアジア・アフリカ・中南米等の地域においては、植民地支配から独立して以後、それぞれの国の歴史（国史）の調査・修復や博物館の役割に様々な困難があり、また国外へ流出した文化財の返還に関しては今なお問題となっている。ここでは例としてフランスの植民地支配をうけた東南アジアのカンボジア・ベトナムの状況や、タイのパノム・ルン（Phanom Rung）遺跡のリンテル返還の話題等をとりあげてみたい。

1 近代博物館成立の歴史的背景

（1）第1期：14世紀〜16世紀

14〜16世紀という時代は、ヨーロッパ世界の価値観・世界観を大きく変えた出来事—ルネサンスと大航海時代—によって、ヨーロッパの外の世界・異文化との接触をきっかけに、中世の宗教的な価値観が中心だった世界観・生活・文化・知識や考え方に大きな変化が生まれた。

まずルネサンスは、14世紀以降16世紀にかけてヨーロッパ全土に広がり、それまでの宗教的な世界観から、人間中心・世俗の人や自然をありのままにとらえるという価値観へと大きく変化した。また、200年間にわたりイスラーム世界と戦った十字軍が失敗し、教皇の権威が揺らぐと同時に、十字軍の際にイスラーム文化をはじめとする異文化と対峙した人々は衝撃を受けた。そして、それまでキリスト教の神と教会が生活や考え方などに深く浸透していた教会中心の世界観・価値観から離れ、キリスト教以前の世界、ギリシア・ローマ時代（古典古代）の人間が中心とされていた価値観を取り戻そうとする。ルネサンス（文芸復興）という古典古代の文芸を学ぶ芸術活動や、個人の能力や考え・個性を尊重し、かつ来世（死後）ではなく現世（生きている世界）の世俗に関心が向き、価値観が大きく変化した。

ルネサンスはイタリアで始まったが、当時のイタリアはヨーロッパ諸

国で需要が高まっていた香辛料をイスラーム商人やインド商人を仲介して取引し独占的に販売しており（レヴァント交易）、ヨーロッパと外の世界を結ぶ窓口であった。この交易活動によってイタリア北部の商業都市であるフィレンツェ、ミラノ、ヴェネツィア等が富を得て、芸術活動のパトロン（後ろ盾）となった。例えばフィレンツェのメディチ家は有名だが、フランチェスコ1世（Francesco de' Medici）は1581年に政庁を改装し、ガッレリアと呼ばれた美術展示室を設け、メディチ家歴代の当主たちが収集してきた美術品を1591年に一部公開したが、これは後に世界最古の美術館の一つとされるウフィツィ美術館（Galleria degli Uffizi）の始まりといわれている。

　しかし15世紀になると、オスマン帝国が地中海の沿岸に進出しエジプトを征服したため、地中海における商人の活動は制限され、レヴァント交易は次第に衰えていった。そのためヨーロッパは地中海を通らない新しい交易ルートを開拓し、アジアと直接取引を行うことを望むようになり、大航海時代—地理上の発見—が始まった。こうして開拓されたルート上に、ヨーロッパ各国の交易拠点がおかれ、イギリス、オランダ、フランス等が東インド会社などを設立し、ポルトガルはゴアやマラッカなどの港町を拠点とした。このことにより、アジア・アフリカ・アメリカ大陸といった異世界の未知なるモノと情報がヨーロッパに大量に運ばれてくることになり、自然のもの、人間が作り出してきた歴史が強く人々に意識され、古典古代の遺物や異国の珍奇なモノは、君主や貴族などが自分の権力や威信を示す私的なコレクションとして収集・展示されるようになった。こうした収納庫は"キャビネット（cabinet）"とよばれ、博物館の前身とされる（高橋2008：56）。16世紀後半に入ると、富豪などにもコレクションが広がり、例えばフィレンツェのコジモ・デ・メディチ（Cosimo de' Medici）1世は物理・自然史愛好家で、1570年代に大規模なキャビネットをつくり、器具や工芸品に加え動物・貝殻・化石・鉱物の標本を収集したが、これらは後にフィレンツェの自然科学研究の中心となった（フィレンツェ科学史博物館、スペーコラ（La Specola）博物館等）。

　こうしたキャビネットは、中世の教会等の宝物庫とは大きく異なり、収集されたコレクションや標本にはラベルがつけられ分類が始まり、なかでも植物・動物・鉱物などの素材や性質、成形に関する自然史的な知識が求められた。そのため、分類や展示の説明、カタログ（目録）といった記録作りも始まった。

（2）第2期：17〜18世紀

　大航海時代に始まった世界の一体化は、17世紀に入ると加速し、世界的な商業の活発化にともないヨーロッパの海外進出が進み、オランダ、フランス、イギリスなど複数の国家が、交易の市場や拠点をめぐってヨーロッパ内外で競争を繰り広げた。それとともに、海外市場に乗り出したヨーロッパ各国は、アジア・アフリカ等地域での自然資源や民族・地理・地形等を調査するため、多くの探検家らを現地に派遣した。調査を行ったのは、探検家や博物学者、軍人、宣教師らであり、彼らは標本として当地の資源を収集し、測量して地図化し、各民族の生活や動植物や鉱物の観察・記録を行い本国に報告した。そのなかで、博物学（自然史・自然誌 natural history と呼ばれる）という動物・植物・鉱物などの自然界に存在するものについて収集・記録し、種類や性質、分布などを整理・分類する学問が発達した。そして、新しい知見、モノや情報が大量にヨーロッパにもたらされ、特に自然史的な知識が蓄積されていくなかで、それらを理解するために、収集─観察・分類─記録・展示─目録・カタログ作りといった作業が求められ、進化や形成などの自然の法則を理解しようとする博物学、自然史的な方法が重視され、自然史は博物館史の主流というべき役割を担っていくこととなった。また、異国のモノから自国のモノへ関心が広がるなかで、次第にヨーロッパ内での自然・資源そして産業に関心が向くようになり、自国の資源のコレクション化、目録作りと展示も進むことになった。

　そうしたなかで、キャビネットはもはや権威を示すだけではなく、知識を集め、モノ自体を役立てていくという役割を担うようになった。そ

して富豪以外の中間階層の探検家や私人などによって多様なコレクションが登場するが、アシュモレアン（Ashmolean）博物館のように、個人の財力だけでは限度があるために共同で展示・公開を行う施設を立ち上げる団体博物館（institutional museum）が現れた（高橋 2008：86）。例えば 1683 年に誕生したアシュモレアン博物館は、トラデスカント（J. Tradesc-ant）父子のコレクション（「箱舟 The Ark」と称されたキャビネット）と、それらを譲渡されたアシュモール（E. Ashmole）のコレクションを加えた自然・考古・民俗資料がオックスフォード大学に寄贈されて創られた世界初の公共の科学博物館・大学博物館であり、公開性をもつ団体博物館は、近代公共博物館への過渡的存在といえる（高橋 2008：83）。

　また、16 世紀以降にアルプス以北のドイツ語圏において王侯領主や学者等によって作られたキャビネットは「驚異の部屋（ドイツ語で Wund-erkammar）」と呼ばれ、自然史コレクションに加え、科学物理の実験器具や機械等の人工物が陳列され、珍品・異形のモノや美術・工芸・機械の傑作が集められた（高橋 2008：73）。例えば医学者ウォルム（O. Worm）による驚異の部屋の多様な標本には、薬としての処方が記載された解説がつけられており、こうしたコレクションのいくつかは今日の博物館の前身となった。また 17 世紀に科学革命がおこり、宗教的な世界観ではなく自然の法則を求め、実験や観察に基づいた学問が提唱された。フランシス・ベーコン（F. Bacon）などによって、実験・観察データの分析・分類と、数学を用いた論理追求という今日の科学思想が提唱され、望遠鏡や顕微鏡などの用具の発明も大きな後押しとなった。そして 16 世紀に薬草園から植物園が作られ、パリでは王室植物園が 18 世紀末に国立自然史博物館となり（高橋 2008：200）、ここでは動物キャビネットから科学と農業に役立つ自然史を推進するために公共施設としての動物園も開設された（高橋 2008：209）。

　このように学者ら知識人層によって標本等の自然史や器具といった人工物のコレクションが進んだ一方で、絵画や彫刻等の美術品のコレクションは、主にヨーロッパの王侯貴族によって担われた。交易によって

富を築いた国王・貴族たちにとって美術品は宮廷外交で最も喜ばれる贈り物となり、彼らは居城を飾るため古美術を収集し、同時にルネサンスをもとに自国で新たな宮廷文化を成熟させていった。そうした動きのなかで、フランスは自国の文化と国力を増進するのに文化財を利用し、権威を示すとともに、国を挙げて美術品の収集とフランス自国の美術（フランス流 le style François と呼ばれる）を成熟させ、ヨーロッパの中で中心的存在となるよう努めた。例えばバロック様式、ロココ様式の絵画や建築等は、宮廷文化の成熟に大きな影響を与えている。そして 18 世紀後半になると、王侯貴族たちは所有する美術品を美術家養成に用いたり公開を行っていく。例えば 1750 年にフランス王室はリュクサンブール宮殿で期日を限って公開したり、ルイ 14 世の時代には芸術振興政策が打ち出され 1648 年に王立絵画・彫刻アカデミーが、1666 年には王立科学アカデミーが創設され、優秀な芸術家や科学者を養成した。この王立科学アカデミーは、王室コレクションが移されたルーヴル宮を活動拠点とし、芸術家たちの作品を披露する公式展覧会サロンを開催し、フランスの美術・工芸は大きく発展した。またロシアでは 1764 年にエカテリーナ女帝が社交界に公開を行い、その何千点ものの絵画等のコレクションは後にエルミタージュ（Hermitage）美術館の前身となっている。こうした美術品コレクションの拡大と公開への動きは、近代博物館が作られる大きな基礎となった。

（3）第 3 期：18 世紀〜 20 世紀初頭：近代博物館の成立と発展
① 2 つの革命とルーヴル美術館の成立

　この時期における第 1 のポイントは、18 世紀半ばから後半にかけて、ヨーロッパで産業革命と市民革命という 2 つの革命が起こり、社会が大きく変化した点である。まず産業革命によって、それまで人力で行われてきた生産・加工業が機械化され、資本主義が導入された。また同時に、安価で大量の商品を生み出すため、その原料の入手および販売のための市場を確保する必要があり、海外への進出は、今までの経済拠点と

いう点での支配ではなく面的な広がりをみせ、領土支配（植民地支配）へと進むこととなった。こうしてアジア・アフリカ・中南米等からヨーロッパに香辛料、コーヒー豆、絹糸、綿などの原料・食料が運ばれ、工業製品は逆に当地に流れるという世界的な分業システムが確立していった。イギリスは18世紀後半には世界中に植民地を持ったことから「太陽が沈まない国」と呼ばれた大英帝国の時代を築いたが、その一方で支配された地域においては、ゴムや綿花、お茶といった原料や嗜好品の強制栽培や農地の囲い込み等により、人々は苦しい状況におかれることとなった。

　またヨーロッパ大陸のフランスで市民革命がおき、絶対王政が廃止され「市民」「国民」という意識をもってつくられた国民国家が生まれるなかで、1793年にルーヴル（Louvre）美術館が誕生する。ここに、王侯貴族や教会が持つコレクションは国有化され、公共のモノとして公開されることとなった。開館当時には537点の絵画と、184点のその他の美術品が展示されたといわれるが、その後ナポレオンによってフランス軍とヨーロッパ大陸の各国との戦争が始まり、フランス軍が支配したヨーロッパ周辺諸国の美術品を戦利品としてルーヴル美術館等に接収していく中で、その規模は一時飛躍的に増大した。傑作は革命によって「開明された自由の国フランスにあるべきで、人類が奴隷のように呻吟する国にはふさわしくない」（高橋2008：139）という考えのもとで、美術品はルーヴル美術館、書籍等は国立図書館、自然史資料は国立自然史博物館へそれぞれ収納された。ナポレオンは、特にイタリアの美術品は組織的に接収し、またエジプト遠征では専門学者を160人以上同行させ、古文書・考古学資料や自然史資料を集めている。ルーヴル美術館の初期の名称である「中央美術館」は、収蔵品の規模・分類および保存技術等において、フランス国内での中央—ピラミッドの頂点—ともいうべき中心的な役割を担うようになっただけでなく、フランス国外にもその意識を広げ、ルーヴル美術館は世界の歴史と文明の保管庫であり、人類の進歩のショーウインドーであるとされた（高橋2008：140）。こうした知的略奪

ともいわれる行為は、王族ではないナポレオンにとって、国民をまとめ威信を高める必要もあり、政治・外交手段でもあった。

その結果、ヨーロッパ各地ではフランスへの文化財流出を防ぐ対抗措置として、各地に博物館が建設されていく状況が生じた。そして、ナポレオンから近親者（君主）が周辺国の支配に派遣されたが、彼らは統治下の住民の支持を得てその支配を強固にするために着任後に博物館・美術館の設立に乗り出すものの、ナポレオンの意に沿って美術品をパリに運ぶよりも当地のコレクションの散逸を防ぐことを優先した場合もあった。例えばスペインに派遣されたナポレオンの兄ジョゼフ・ボナパルト（J. Bonaparte）は、プラド（Prado）美術館を設立し、ベラスケス（D. Velazquez）やゴヤ（F. des Goya）といった著名な画家のコレクションを含む歴代のスペイン王家のコレクションを国内にとどめている。

そして各地方で民族蜂起による独立運動、ナショナリズムがおき、ナポレオン軍は敗退して1815年に支配が終わるが、その影響は少なくなかった。まずフランスの支配を受けたヨーロッパ各地において、文化財を国民の共同遺産として意識する傾向が強まり、美術品の公開や公共の美術館設立の動きが促進されたことが挙げられる。また、ナポレオンの失脚後、ヨーロッパ各国は新しい国際秩序を確立するためにウィーン会議を開催し、フランスによって接収された美術品の一部はフランスから返還されたが、こうした接収と返還は、ヨーロッパ内の美術品の地理的再配置をもたらした（服部 2015）。1816年の記録によれば、プロシャ、オーストリア、スペイン、ローマ教皇ほか19か国に美術品等の5103点が返還され、イタリアは接収された506点の絵画のうち249点が返還されたとされ（9点が紛失）、ほぼ半分しか返還されなかった。しかしこれらの文化財は王侯貴族・教会らの私有から公共のモノとして公開されるという作用を生み出し、特権階級に占有されていた美術品を各国の民衆が見られるようになった。例えばイタリアでは、返還された美術品の元の持ち主が生存していない場合、美術品を収納・展示するために、地方に市立博物館が作られた。そうしたなかで、それぞれの国や地方におい

て自国の歴史や文化に関心が高まり、各地で近代博物館を求める声が強まるきっかけともなった。

②万国博覧会・植民地博覧会

　第2のポイントとしては、当時開催された博覧会の存在がある。産業の発展により、万国博覧会などの産業博覧会がヨーロッパ各地で開催されるようになり、最新の技術や商品の見本市として集まるこの催しは、欧米各国に工芸博物館や民芸博物館、科学博物館などを作る原動力となった。そして産業デザインや科学・工芸技術などの国民への教育・教化を目指して、科学・工芸系の博物館が建設されていった。例えばイギリスのサウス・ケンジントン（South Kensington）博物館は、労働者たちへの教育を意識し、職人の産業デザインの向上のため審美眼をきたえること、そして労働者の教育環境を整え、健全なレクリエーションをすすめるために教育施設として整備された。その背景としては、当時の産業革命後のイギリス社会において階級の格差が深刻化したことがあり、格差を融和し社会を統制する必要性があった。こうした博覧会をきっかけとした博物館は、国民へ技術や市場・商品を紹介し、それをもとに産業デザインや工芸技術を教育するツールとしての役割が担われている。そして善良な市民としての「規範」「振る舞い」が教化され、様々な地域やエスニックからなる人々を「国民」「帝国の一員」としての意識づけをしてまとめる役割ももっていた。こうした教育に役立つことが認められ、19世紀中ごろより、ヨーロッパの博物館建設は最盛期を迎える（全国大学博物館学講座協議会西日本部会編2006：30）。特に科学技術系の博物館が建設され、入館者の参加型の展示も模索されていくこととなった。

　またヨーロッパ各国による植民地博覧会も重要である。帝国の権威と植民地支配の成果や正当性を示すために、植民地から文化財がヨーロッパに運ばれ展示され、その後の受け皿としてヨーロッパ当地に博物館が整備されていく状況が起こっている。例えばフランスは、1887年に東南アジアのインドシナ半島の現ベトナム・カンボジアの範囲をフランス領インドシナ連邦として20世紀中ごろまで支配した（1893年にラオスも加え

られた）。フランスは統治下において当地の自然資源、歴史や言語、民族等の調査を行い、当地にフランス極東学院（École française d'Extrême-Orient）という研究所（博物館・図書室を併設）を設置して史資料を収集・保管した。それと同時に調査成果を報告・公開し、フランス本国や欧米の理解や支援を得るために本国で開催される植民地博覧会の度に、展示すべき文化財が植民地側から帝国側へ流出する状況が生み出された。

　このことを象徴的に示す事例としては、アンコール（Angkor）遺跡群の中でも傑作と名高いアンコール・ワット（Angkor Wat）寺院の復元模型が挙げられる。フランスはカンボジアのアンコール遺跡群の調査と保護・修復を行い大きな成果を収めているが、1889年のパリ万博ではアンコール・ワットのうちの1基の模型がパビリオンとして復元されており、それ以後万博や植民地博覧会で模型が作られ、派手であっと驚く演出に一役かっていた。しかしそれらの模型は不完全で、忠実に再現したものではなかったが、1931年のパリ植民地博覧会では、今までと異なり、極東学院が積極的に関与してアンコール・ワットの実物大の正確な復元が行われている。3年がかりで作られた模型は、鉄筋コンクリートの2階建てで、石膏鋳型を用いた外装による壁画の図像も非常に完成度が高く、内部には極東学院の研究成果等が展示されていた。巨額な費用がかかるこうした模型を作った理由は、正確な復元が可能なフランスこそ、カンボジアの古代クメール文明の正当な継承者であるということを示すためであり、まさにフランスは、未開で野蛮な極東地域に文明化をもたらし平和に貢献しているという支配の正当化・威信を示すとともに、フランスの植民地支配の成功を演出するものであった（藤原2008：362）。一方、こうした派手な演出は、1920年代半ばより現地の反乱等が起き、植民地政策の失敗が続き財政難に陥っていたことを隠すイリュージョンでもあった。

　そして博覧会の後は、これらの展示された文化財をフランス本国に恒久的に収蔵・展示する場所を確保し、次第に拡大することが図られた。例えば1889年のパリ万博後に、移送・展示された文化財の受け皿とし

て、ギメ東洋美術館（Musée Guimet）やインドシナ美術館（1920 年代にギメ東洋美術館に吸収合併）が整備された。特にギメ東洋美術館には 1930 年代までに一級品が集められ、カンボジア以外では世界で最も充実したクメール美術コレクションとなった。アフリカの場合も同様で、ケ・ブランリ美術館（Musée du quai Branly）には、フランスが支配したアフリカのサブサハラ地域の民族芸術品が数万点収められている。

　一方、アジアに所在する極東学院の現場では大きなジレンマを抱えることとなった。カンボジア等での調査・保全活動を続けるためには、その成果と調査の優秀さを公開し、アピール・報告して認められ、資金を安定的に得る必要があった。そのため、欧米やフランス本国でのプロモーション活動が不可欠であり、植民地博覧会を成功させるために出土品を移送し、また古美術品を販売して資金を調達することとなった（藤原 2008：403）。その一方で、現地（カンボジア等）側から文化財が流出し、遺跡の破損・破壊という矛盾が生じ、また知名度が上がれば、遺跡を訪れる観光客が増えると共に盗掘も増えるという悪循環も生じることとなった。

2　植民地支配後の東南アジアでの博物館の成立

　20 世紀後半に、アジア・アフリカ諸地域は植民地支配からの独立や内戦・混乱の時期へ入るが、戦争による分断や戦後の復興が急がれる中で、自国の歴史を自分たちの手で再び構築するという困難な作業が待ち受けていた。その中で起きている様々な問題に対して、現在でも当地の研究機関や博物館を中心に様々な努力や試みが続いている。ここでは、フランスから独立したカンボジアのアンコール遺跡群と、ベトナムのチャンパ（Champa）王国の遺産からみてみたい。

（1）カンボジア

　カンボジアでは、1953 年にフランスから独立した後、共産主義のクメール・ルージュによる内戦によってアンコール遺跡群は破壊の危機にさらされた。1991 年に内戦が終結した後、カンボジアはその保護のた

めユネスコ（国際連合教育科学文化機関：UNESCO）の世界文化遺産に登録し（1992 年）、厳しいゾーニング規制によって遺跡を公園化することで、遺跡群の保護と修復を優先した。しかしアンコール地域にもともと住んでいた住民たちは、立ち入り制限や移住などの生活空間や、また森林や沼、貯水池（バライ Baray）や堀といった資源の利用制限を受け、水田耕作・水牛の放牧が禁止されるなど、生業に大きな影響を受けることとなった（三浦 2011：246-252）。また地元の精霊信仰とも深く結びついた寺院を、元来住民が掃き清め守ってきたが禁止・制限されるなど、信仰の場も奪われ、住民が遺跡から引き離される事態が生じている（三浦 2008：27）。

　アンコール遺跡群はこのように公園化され、かつ内戦によって地域の歴史の語り手が不在となったこともあり、住民にとって「土産物を販売する場」「観光ガイドをする場」となる恐れが現実化している。そのため、アンコール遺跡群と住民が共生し、地域社会と密接に関わる遺産の保全活動を持続させることを目指すプログラムである「生きている遺産（リビング・ヘリテージ Living Heritage）」が、研究機関や博物館、NGO・NPO 諸団体を中心に試みられている。例えば上智大学アジア人材養成研究センターでは、大きく 2 つの取り組みが行われている。1 つ目の「人材養成」では、カンボジア人学生や若手スタッフを対象に、バンテアイ・クデイ（Banteay Kdei）寺院の発掘調査や遺跡の修復等の研修を通じて、研究者・保存官・石工を養成するもので、2007 年に設立されたシハヌーク・イオン（Preah Norodom Sihanouk）博物館では出土した仏像や遺物が保管・展示されている。2 つ目の「文化遺産教育」では、遺跡周辺の住民（大人・子供も含む）に、博物館見学や遺跡での現地説明会を通じて、アンコール遺跡群の歴史や環境などへの理解を深め、地元の郷土史ともいうべき自分たちの歴史として意識してもらい、そして保護活動への参加を通じて遺跡と共生するために必要な知識や方法を探っている。また、アンコール遺跡群では海外の多くの調査隊による調査・修復が行われているが、その成果は住民側に伝わっておらず、情報が地元に還元されていないという現実がある。そのため 2011 年にアンコール文

化遺産教育センターがバンテアイ・クデイ寺院内に設立され、住民との相互交流を通じて情報を伝え合う、知の交流の拠点的な役割が担われている（上智大学アジア人材養成研究センター 2012：7）。

（2）ベトナム

　ベトナムでは、ベトナム中部のチャンパ王国の歴史が、語られる機会を長く失う事態が生じた。ベトナムは、地理的に北部・中部・南部の3つに分けられ、歴史的に大きくふりかえると、それぞれの地域において金属器時代以降にクニ的なゆるやかなまとまりができ、異なる文化が展開した。北部は大越国、中部はチャンパ王国、南部は扶南（9世紀以後クメール王国に併合）であり、構成した主要な民族も異なる（北部はキン Kinh 族、中部はチャム Cham 族、南部はクメール Khmer 族が主となった）。北部は、北に中国と接するため中国文明の影響を受け、紀元前 111 年から 11 世紀まで中国の直接支配を受けたが、一方ベトナム中・南部は、海を通じた交易によりインド文明の影響を受けて発展し、特に中部のチャンパ王国は、北の中国文化圏と南のインド文化圏という2つの文化圏の接点であり、2世紀から 18 世紀に至るまで交易を活発に行っていた、東南アジア史上最長の王国と言われる。

　チャンパはオーストロネシア語族であり海洋民族であるチャム族が、チュオンソン（Truong Son：中央の意）山脈で採取できる豊かな特産品（沈香等の香木、黒檀等の木材、香辛料など）を海を通じて交易を行っていた交易立国であった。チャンパは煉瓦製の宗教建造物を数多く残し、中でも有名なミーソン（My Son）遺跡群は世界文化遺産に登録されている。煉瓦をすり合わせて積み上げた独特の神殿や豊かな彫像等は高度な文化を物語っている。フランス極東学院の重要なメンバーだったパルマンティエ（H. Parmentier）は、ミーソンをはじめチャンパ史跡の発掘調査を行い、美しいチャンパの芸術の保護のために 1915 年に博物館をベトナム中部のダナン市に設立している（現在のチャム彫刻博物館）。

　しかしながら、現在のベトナム（ベトナム社会主義共和国）はキン族が9

割を占める多民族国家であり、その国史はキン族の「南進」の結果形成
されていると言える。キン族由来の地であるベトナム北部の紅河デルタ
は中国の支配下に置かれたが、1009年に独立し大越国（李朝）が成立す
る。その後キン族は南に領土を広げるべく南下し、中部のチャンパ王国
を侵攻し、1471年にチャンパ王国の当時の首都ヴィジャヤ（Vijaya）を
陥落させたことから、通説ではこの時点でチャンパ王国は滅亡したとさ
れた。そしてキン族はさらに南下を続け、17世紀にベトナム南部のメ
コンデルタに入植し、現在のベトナム領土全域に至っている。

　その後ベトナムはフランスの植民地支配下におかれ、インドシナ戦争
（第1次（対フランス）・第2次（対アメリカ）・第3次（対カンボジア・中国））と
いう長い戦争状態が続く中で、他の東南アジア諸国に比べて博物館の建
設が際立って進んだ。第2次インドシナ戦争当時の北ベトナムの多くの
省で博物館が作られ、展覧室・陳列室等を含めるとほぼ全域に展開した
が、その目的は戦時下において人々を集め愛国的・革命的気概を育てる
教化・宣伝、戦争のプロパガンダの手段であり、展示もキン族の歴史が
メインとなり、チャンパの歴史は語られることはなかった。その原因と
しては、戦時中ゆえにベトナム中部での調査・研究ができなかった点も
あるが、チャム族の不在も大きいと思われる。チャム族は、15世紀の
ヴィジャヤ陥落以降、ベトナム中南部の農業には向かない不毛な土地に
追われており、少数民族となった彼らは語り手として自らの歴史を語る
機会を失っていた。またキン族の歴史＝「南進」によってチャム族の地
を侵攻した歴史は、当時アメリカという侵略者と戦っていた手前、自ら
も侵略者であったかのようなイメージを持たれることを懸念した点も一
因にあると考えられる。

　しかし戦後、ベトナム中〜南部で調査が開始され、ベトナム考古学院
や社会科学院考古学研究センター等の専門機関と共に各省の博物館が
調査を行うと、チャンパの前史（先史時代：サーフィン（Sa Huynh）文化等））
の遺跡やチャンパ王国時代の史跡等が相次いで発見され、博物館は各地
域の文化財や遺跡の保護、展示などの役割を担うこととなった。また

考古学・文化人類学・地域研究等との様々な分野で国際協力・研究が進み、ミーソン遺跡群の世界遺産の登録（1999年）へと繋がっている。さらに、ヴィジャヤ近郊における「チャンパ陶磁」と名付けられた陶磁器および窯の発見は画期的であった（Aoyagi. Y, and G. Hasebe eds. 2002）。このことにより、17世紀末から18世紀に至るまでチャンパが陶磁器を生産し、中東にまで至る広域に輸出していたことが判明し（青柳 2002: 127）、従来の15世紀（1471年）のチャンパ滅亡説から改めてチャンパ史が見直される大きな要因となった。

　また、1989年にドイモイ（刷新）政策による市場経済がベトナム政府によって導入され、経済成長が重視される中で、ベトナム各地域では遺跡の観光整備が進むこととなった。その結果、チャンパの文化や歴史を再構築する必要性が高まるとともに、多民族国家として文化の多様性をいかに保護すべきかという課題に直面している。特に経済活動重視で社会や経済が急変する中で、山岳や平原奥地にすむ少数民族の遺産が対応できずに急速に破壊される問題が起こっているが、それぞれの民族によって保全方法も異なり、特に口承文化、儀礼・風俗習慣等の無形文化に対しては、2001年に制定された文化遺産法により政府が技芸保持者に対する優遇政策を実施しているものの、言語も異なる中で多くの困難を伴い、保護を急がねばならないのが現状である。

　そうしたなかで、ベトナム各省の博物館では専門家・学芸員・職人等の人材育成・教育が急務とされている。例えばチャンパの遺跡の修復は精度が要求される厳しい作業であり、数段煉瓦を積むごとに水平をチェックし丹念な作業が繰り返される。素材である煉瓦の修復一つをとっても、水槽に2日間浸けた後で流水のもとで擦り合わせて整形するという、砥石で包丁を研ぐような作業となり、一人が一日10ピース程しか成型できない（重枝ほか編 1994 : 44）。そのため、電動機械やセメントを用いた修復作業も見られ（図1）、建築技術が解明されていない点もあるなかで、修復を通じてチャム族の知恵を学ぶ姿勢が問われている。また、遺跡にまつわる信仰・無形文化の存在も重要である。ポー・ナガー

図1 ポー・ナガール寺院
(2001年12月16日平野撮影)

図2 主祠堂の彫像

ル（Po Nag-ar）寺院の主祠堂には、ポー・ナガール神（シヴァの妃であるウマー神ともされる）の彫像が祀られており、10本の腕を持ち足を組んだ姿である。顔はチャム族の祭祀に際して天然の材料で採色され、終わると洗い流されていた。しかし現在の当寺院の周囲はキン族が多数派であり、ポー・ナガール神は体を衣装で包まれ腕を隠し、顔をベトナム風に描かれキン族の慈母信仰と結びつくことによってかろうじて保たれている状況にある（重枝ほか編1994：50、図2）。チャンパの文化をベトナムの地域文化の一部として再認識・再構築する上で、今後、遺跡のみならず祭祀や伝統文化を含めて保護する意識が必要であり、また修復・復元という一つの共通した作業を通して、残されたチャム族と共に理解しあう姿勢が必要であると思われる。

例えばポー・ダム（Po Dam）遺跡では、専門家による保存修復の過程において地元のコミュニティと会合を開き、遺跡の歴史やチャム族の人々が祖先から受け継いできた文化財の重要性について話し合われている（ブイ・チー・ホアン2015：56）。戦後ベトナムは、チャム族という少数民族の歴史を含めた「国」の歴史を再び作り直す必要があり、大変難しい作業ではあるものの、各地域において資料を着実に蓄積しつつ進めるという役割と、そしてキン族の現住民やチャム族ら少数民族、研究者等の間における交流や対話、理解を結びつける存在としての役割が博物館に

求められていると思われる。

3　文化財返還問題と国際的な保護の枠組み

　上述したように、植民地支配や博覧会の開催を通じて、現地の文化財が流出し、ヨーロッパの博物館に収蔵・展示される状況が起こったが、不当に持ち出されたとして返還を求める国との対立が深まる例は後を絶たない。そのなかで、2010年4月にエジプトで、国外に持ち出され外国の博物館に収蔵されている文化財の返還を求める国際会議が開かれ、エジプトやギリシャなど7か国が返還要求リストをまとめ、ユネスコに提言した。この会議をきっかけとして、世界的に自国の文化財の返還を求める機運が高まっている。例えば、フランスのマクロン大統領が旧植民地国へ文化財を返還する方針を打ち出し、ケ・ブランリ博物館に所蔵されている文化財26点がアフリカのベナン共和国に返還されたことは記憶に新しいが、一方で文化財の返還はほとんど進んでいないのが現状である。

　こうした文化財の保存・保護問題に関しては、ユネスコが国際規範の作成・履行および文化政策に取り組んでいる。主なものとして、ハーグ条約（第一議定書1954年、第二議定書1993年採択）、世界遺産条約（「世界の文化遺産及び自然遺産の保護に関する条約」：1970年採択）、無形文化遺産条約（「無形文化遺産の保護に関する条約」：2003年採択）等の7つが挙げられ、第二次世界大戦以後、文化財や文化の多様性の保護のために、国際協力においてユネスコは中心的な役割を担っている。

　特に文化遺産の保護において、国際法として直接関わるのは、1970年に採択した文化財不法輸出入禁止条約（「文化財の不法な輸入、輸出及び所有権移転を禁止し及び防止する手段に関する条約」）であり、132国が締結している（2017年段階）。この条約は平時（戦争状態でない時）における文化財の不法取引に対応するため作成され、保護対象は有形の動産に限られ（不動産は含まれない）、発掘・交換・贈与・購入など以外の方法で流出したモノ、不法に取引されたモノは返還されることが定められている。しかしながら、この条約は発効された1972年以後の文化財に限られ遡及

図3　パノム・ルン寺院のリンテル (1998 年 10 月 28 日平野撮影)　　　図4　東面開口部

効果を持たないため、それ以前のケースでは法的な強制力はなく影響や
効力を及ぼすことができない。そのため、平時における文化財の不法取
引防止の役割が評価されている一方で、1960〜70 年代以降に旧植民地
からアフリカ・アジア諸国の独立が相次ぐと、文化財返還の懸念に対し
て同条約では不十分であるという点が指摘された。

　このため、1978 年に国家間の文化財返還交渉を担当する「文化財原
保有国返還促進政府間委員会」(「文化財の原産国への返還または不法な入手の
場合における回復に関する政府間委員会 Intergovernmental Committee for Promoting the
Return of Cultural Property：ICPRCP」) がユネスコに設立された。この政府間
委員会を通じた返還交渉の対象となった文化財の一つとして大英博物館
所蔵のパルテノン・マーブルがよく知られるが (1982 年に勧告、大英博物
館側は調停を拒否)、ルーヴル美術館から 2009 年にフレスコ画 5 点がエジ
プトに返還されるなど、成果の例も出ている。

　東南アジアの返還例としては、タイの東北部にあるパノム・ルン寺
院のリンテル (lintel ＝楣石：開口部の上に取り付けられた横材) が挙げられる
(図3)。タイ東北部はカンボジアのクメール王国の支配下にあった時期
に街道が作られ、11 世紀〜13 世紀の遺跡が集中して見つかるが、その
中でも有名な寺院であり、現在国立歴史公園として整備されている。パ
ノム・ルンとは「大きな丘」の意味だが、その名の通り丘の上に建てら

れたこの寺院は、古くから地元の精霊信仰にとっても神聖な場所とされており、12世紀初頭にシヴァ神を祀る石造りの神殿が建てられた。寺院には神話や説話をモチーフに豊かな彫刻や浮彫が施され、美しく飾られている。この祠堂の東面入口のリンテルには、「ナーガ（蛇神）の上に横たわるヴィシュヌ神」の浮彫が施され、ヴィシュヌ神のへそから蓮が生じそこからブラフマー神が誕生したという神話が描かれていた。しかし1960年代中頃に、当寺院の修復が始まる前に何者かに盗難にあい、2つに割れていたリンテルのうち小さい方はバンコク市内の骨董品店で発見されたものの、大きい方が行方不明となってしまった。ところが、その後アメリカのシカゴ美術館に収蔵されていることがわかり、タイは国を挙げての返還運動・キャンペーンを行い、国際的な交渉の結果、1988年にタイへと返還され同年12月に元の場所に戻されている。

　こうした文化財の返還問題に関しては、二項対立で語られることが多い。これは、文化財の原産国で植民地支配をうけたアジア・アフリカ地域（発展途上国が多い）に対して、文化財を現在保有する国（保有国）・植民地支配を行った側の欧米諸国（先進国）という概念でとらえられる。理念としては、原産国側は「文化ナショナリズム Cultural Nationalism」として、文化財は自らの国の歴史や文化を象徴するアイデンティティーの源であり、倫理的・道義的観点から返還すべきだとしている。一方保有国側は、文化財は人類共通の財産であり、国際協力によって守るべきものであるという「文化国際主義 Cultural Internationalism」に基づいており、2つの意見の対立はいまだ平行線をたどっている。

　現在文化財を保有する国側の主張は、大きく3つが挙げられる。第1に、当時の慣行としては妥当といえる範囲内の行為だったり、正当な方法で入手したため略奪ではないという点である。これは入手方法の証明が困難な課題があり、文化財が流出した時の経緯が略奪か対価を支払ったものか事例ごとに状況が異なり、また双方の主張が食い違うことも多い。第2に、返還要求をする国側の展示設備や保存技術に不備があり、文化財の保護に問題があるという懸念である。現実的に、当地の治安・

情勢の安定、保全・管理体制の整備状況など課題が多い点は否めない。第3には、現保有国で保存し展示・活用している意義とその貢献について、人々への高度な教育・サービスの提供、情報や知識の公開等の点においても、現在の状態が国際的に人類にとって公益であるという点である。この主張を象徴するものとして、2002年に発表された「普遍的な博物館の重要性と価値に関する宣言（Declaration on the Importance and Value of Universal Museum）」が挙げられる。これはルーヴル美術館やメトロポリタン美術館等の世界でトップレベルの集客数を誇る欧米の18の博物館が共同で発表したもので、「文化財はそれらを収容する国々の遺産の一部になっている。（略）博物館は一つの国民だけでなく、全ての国の人々に役立つことを認めるべきである。博物館は文化の発展のエージェントであり、その使命は再解釈の継続的なプロセスによって知識を育成することである（一部抜粋）」とあるように、博物館はサービス・保管・研究において、人類全体の利益のための国際機関であるという役割を主張している。文化財への研究成果が反映されることから知識が深化し育てられること、人々への高度な教育サービスによって公共の関心が刺激され、モノを通じて文化が促進されていく―文化財は人類共通の普遍的価値をもつために原産国に独占されるべきではなく、保存技術レベル等を考慮すれば、現状のままの方が国際的な公益になる―というものである（阿曽村 2012：290）。

おわりに

　文化財の保護・活用と、博物館の在り方については、近年のグローバルな経済活動の影響により複雑化している。現在、観光業は経済を動かす重要な産業の一つとなっており、全世界的にこうした観光業・観光客の誘致、地域経済・産業の復興と開発の促進等の要因から、文化財がもつ経済的な価値への期待が高まっている。そして、文化財を観光によって活用し、経済的利益を生み出し、その資金を文化財の維持・保存の財源に充てるという事例が世界各地で報告されている（藤木 2010）。しかし

ながら、観光・経済と文化財の保護が車の両輪のように密接に関わり合うなかで、どちらか一方に過度な期待や重きがおかれれば、例えば観光開発などの経済活動を重視しすぎてしまえば、文化財への負担や疲弊が起き、維持することが難しくなる。それぞれの国や地域社会において、その文化財の価値をどう評価し、誰がどう保護していくか、その遺産が位置する地域社会・環境・住民への支援、観光等の活用計画等、様々な点も含めて総合的に考えていく必要がある。

　近代博物館が生み出されたきっかけは、ヨーロッパの外の世界、異世界との接触があり、人々の交流や交易が地球規模へと広がるなかで様々な刺激や影響を互いに受けあい発展していった点は上述した。14世紀以降のルネサンスや大航海時代以降、世界が一体化し、国家や地域をこえた交流が異世界のモノと出会い、観察・分類し、そして自分の文化や歴史を再び認識していくという動きが基盤にある。そのため、返還問題も含め、博物館と文化財の保全に関する議論は、国家の枠組みをこえて、文化的・協力的関係を築いていくことが重要である。そして調査や研究に裏付けられた客観的な対話を重ねて、保存や公開について情報を共有できる国際的な共同ネットワークなどの新しい枠組みづくりを進めていく、情報を共有する仕組みを作っていくことなど、工夫を重ねる粘り強い努力が必要となっている。

引用・参考文献

青柳洋治　2002「クメールとチャンパの陶磁器－生産と流通－」『東南アジア考古学最前線』クバプロ発行、120-128

阿曽村智子　2012「文化多元主義的な世界における「人類の共通遺産」の普遍的価値について―ギリシャの事例―」『文京学院大学外国語学部文教学院短期大学紀要』第12号、279-301

上智大学アジア人材養成研究センター編　2012『アンコール遺跡を科学する：カンボジアの文化遺産教育』

重枝　豊・桃木至朗編　1994『チャンパ王国の遺跡と文化』トヨタ財団発行

全国大学博物館学講座協議会西日本部会編　2006『概説博物館学補訂版』芙容書房出版

高橋雄造　2008『博物館の歴史』法政大学出版局

ブイ・チー・ホアン　2015「ポーダム寺院の建築―考古学調査と遺跡価値保存の観点から―」文化遺産国際協力コンソーシアムシンポジウム資料『東南アジア諸国と共に歩む―多様な文化遺産の継承と活用－』、52-56

服部春彦　2015『文化財の併合：フランス革命とナポレオン』知泉書館

藤木庸介編著　2010『生きている文化遺産と観光：住民によるリビングヘリテージの継承』学芸出版社

藤原貞朗　2008『オリエンタリストの憂鬱：植民地主義時代のフランス東洋学者とアンコール遺跡の考古学』めこん

三浦恵子　2008「東南アジアのリビング・ヘリテージと これからの国際協力のあり方」文化遺産国際協力コンソーシアム第二回研究会資料『リビング・ヘリテージの国際協力』、24-33

三浦恵子　2011『アンコール遺産と共に生きる』めこん

Aoyagi Yōji, and Hasebe Gakuji, eds. 2002. *Champa Ceramics, Production and Trade—Excavation Report of the Go Sanh Kiln Sites in Central Vietnam*. Tokyo: The Study Group of the Go Sanh Kiln Sites in Central Vietnam, Tokyo University of Foreign Studies.

2 ベトナムの博物館と博物館学教育

菊池 百里子・菊池 誠一

はじめに

　本章は、ベトナムの博物館について概観したのち、ベトナムで「博物館学」を教える2つの大学における博物館学教育について、その内容を簡単にまとめる。そして、世界文化遺産の町、ホイアン市における博物館行政についても紹介し、最後にベトナムにおける博物館学教育の問題点について考察する。

　なお、本章は1から5までを菊池百里子が、6を菊池誠一が執筆し、7は両者が合同で執筆した。

1　ベトナムにおける博物館史

　ベトナムは、19世紀後半にフランスに侵攻され、その統治下に置かれて以降1954年に独立するまでの間、フランスの植民地となっていた[(1)]。インドシナ半島の東側を支配したフランス領インドシナ連邦は、総督府の直轄機関として1902年にハノイにフランス極東学院（L'École française d'Extrême-Orient ─EFEO）の本部を置いた。EFEOは、インドシナ連邦において考古学調査や史料の収集、民族調査、言語調査などをおこなう研究機関であり、ベトナム国内に博物館や研究機関を開設した。

　当時、EFEOの考古学部門長であったアンリ・パルマンティエ（Henri Parmentier）は、19世紀後半からフランス人によってクアンナム地域で収集されてきたチャンパー王国時代の彫刻品を収蔵、展示する博物館を中

図1　チャム彫刻芸術博物館　展示室

部の都市ダナンに建設することを構想した。そしてパルマンティエの提案によってチャンパー王国の建築様式を取り入れた博物館の建物[2]が建設され1919年にチャム博物館として開館した。その後、収蔵品の増加に伴い博物館の拡張工事がおこなわれ、1936年の再オープンを機にアンリ・パルマンティエ博物館に改称された。フランスからの独立後は、チャム博物院に再び改称し、後にチャム彫刻芸術博物館（Museum of Cham Sculpture）となる（図1）。建物は増築、改修を繰り返したが、建築当時の様式は現在も保持している。

　続いてEFEOは、ベトナム最後の王朝である中部フエの阮朝王宮内に、第12代皇帝の名を冠したカイディン博物館を1923年に開館し、現在はフエ宮殿美術博物館（Hue Museum of Royal Fine Arts）となっている。また1929年には南部のサイゴン市にブランシャール・デ・ラ・ブロス（Blanchard de la Brosse）博物館を開館し、1956年にはベトナム国家博物院に、そして解放後の1979年には国立のホーチミン市歴史博物館（Museum of Vietnamese History in Ho Chi Minh City）となった（図2・3）。

　本部を置いたハノイにも博物館を開設する。それは、「インドシナ様

図2　ホーチミン市歴史博物館

図3　ホーチミン市歴史博物館
博物館史展示

式」[3]による最初の建築物とし
て建設され、1932年に開館し
たルイ・フィノー（Louis Finot）
博物館である。EFEOは考古
学調査や史料の収集、民族調
査、言語調査などアジアの歴
史文化を研究する研究機関で
あり、考古学や歴史学等の史
資料を展示していた。この博

図4　国立歴史博物館

物館は、独立後の1958年にベトナム歴史博物館として再オープンした。そ
して、2011年にベトナム革命博物館と統合して、国立歴史博物館（Vietnam
National Museum of History）に名称を変更した（図4）。

　このほかに自然科学系の博物館としては、1865年に開館したサイゴ
ン動植物園（Saigon Zoo and Botanical Gardens）や、1914年にハノイに開館し
た地質博物館（Geology Museum）がある。ニャチャンには、1923年に海
洋学博物館が開館し、独立後はベトナム海洋生物博物館（Vietnam Muse-
um of Marine Biology）となっている。

　独立からベトナム戦争が終結する1975年まで、北部（通称、北ベトナ
ム）では、抗米救国闘争と社会主義建設の流れの中で、博物館と史跡保
存の目的は以下の三点に集約された。

　①伝統文化と愛国的、革命的気概の継承
　②社会主義建設のなかで民族文化を継承するための人文社会科学と自
　　然科学研究の推進
　③国民生活の増進に役立つ

　これらの目的を達成するため、1960年までに276回の展覧会が開催
され、65,000点に及ぶ遺物が収集された。そして、これらの遺物を各博
物館に寄託した結果、1959年1月にハノイに革命博物館（Vietnam Muse-
um of Revolution）が、同年9月にハイフォン博物館（Hai Phong Museum）が、
同年12月にハノイに軍事中央博物館が開館した。軍事中央博物館は、

2002 年にベトナム軍事歴史博物館（Vietnam Military History Museum）と名を変えている。その後は 1963 年にターイグエンにヴィエットバック博物館（Viet Bac Museum）が、ゲアンにソヴィエト・ゲティン博物館（Nghe Tinh Xo Viet Museum）が、1966 年にはハノイにベトナム美術博物館（Vietnam National Museum of Fine Arts）が、1970 年にはカオバンにパックボー・カオバン陳列室（Cao Bang Pac Bo Gallery）が、同年、ゲアン・キムリエン陳列室（Nghe An Kim Lien Gallery）が開館した。

　ベトナム共和国（通称、南ベトナム）が瓦解するまでに、北部では国立と地方博物館が 9 館、21 の専門陳列室、県や市に 67 の基礎的博物館、そして 262 社（社とは行政組織、日本の村に相当）に伝統室が設置された。

　1975 年にベトナム戦争が終結し、翌年、南北統一したベトナム社会主義共和国が誕生すると、1980 年までの博物館建設計画が提案された。それは、北部 5 省で博物館建設の提案、6 省で博物館建設の決定、5 省で常設の展示室の建設、そして 19 省で所蔵遺物収蔵室の建設であった。南部では 10 の省と市で博物館建設を正式決定、12 の省と市で常設の展示室の設置、12 の省と市で博物館収蔵庫の設立が提案された。80 年代末には、40 省のうち、28 省で博物館が誕生したのである。

　ベトナムは 1986 年にドイモイ（刷新）政策[4]をはじめたが、この政策に合わせた博物館活動に関しても多くの意見交換がなされ、新しい博物館が誕生した。

　1990 年にはハノイのホーチミン廟の裏に、故ホーチミン主席の事績などを紹介するホーチミン博物館（Ho Chi Minh Museum）が開館した。同年にターイグエン地方にベトナム民族文化博物館（Thai Nguyen Museum of Cultures of Vietnam's Ethnic Groups）、同年にホーチミン市にトン・ドック・タン博物館（Ton Duc Thang Museum）が開館した。トン・ドック・タンは南部出身の革命家であり、ホーチミン主席亡き後の第 2 代主席となる人物である。1995 年にベトナム女性博物館（Vietnamese Women's Museum）、1997 年にベトナム民族学博物館（Vietnam Museum of Ethnology）が誕生した。

　その結果、2019 年までのところベトナム文化遺産局（文化・スポーツ・

観光省に属する部局）の統計によると 115 館の各種博物館があり、そのうちの 84 館が遺産局の管理、その他が 31 館となっている。そして 115 館のうち 7 館が国立、64 館が省立や市立である。ほかに 25 館が国防省の管理となっている。

2　博物館に関わる法令

　ベトナムの博物館は、2001 年に制定された「文化遺産法」によって規定されている。以下に、博物館に関する条文を紹介する。

文化遺産法

第 3 章　博物館

第 47 条

　博物館は、歴史や自然、社会に関するコレクション（以下、コレクションと呼ぶ）を展示、保存し、研究、教育、観光、文化の享受といった人びとの要求に応答する場所である。

　ベトナム博物館には以下が含まれる。

　　1. 国立博物館は、全国の典型的な価値を有するコレクションを保管、展示する場所である。
　　2. 専門博物館は、一つの専門分野の典型的な価値を有するコレクションを保管、展示する場所である。
　　3. 省博物館は、地域の典型的な価値を有するコレクションを保管、展示する場所である。
　　4. 民間の博物館は、1 つ以上のテーマに関するコレクションを保管、展示する場所である。

第 48 条

博物館が有する義務と権限は以下の通り。

　　1. コレクションを収集、研究、保存、展示する。
　　2. 文化遺産に関する科学的研究をする。
　　3. 社会全体の利益に供するよう、文化遺産を活用する。
　　4. 専門職員の部門を設立する。

5. 施設および設備、機器を管理する。

6. 法律の規定に従って国際協力を実施する。

7. 法律に規定されている他の義務や権限を実行する。

第 49 条

博物館の設置条件には以下が含まれる。

1. 1 つ以上のテーマに関するコレクションがある。

2. 展示室、収蔵庫および保存施設がある。

3. 博物館の活動に沿った専門家がいる。

第 50 条

1. 博物館の設立を決定する権限は、以下のように規定される。

　　a）首相は、国立博物館及び専門博物館の設立を決定する。

　　b）省の人民委員会の長は、省博物館及び民間の博物館の設立を
　　　　決定する。

2. 博物館の設置手順は次のように規定する。

（省略）

第 51 条

1. 博物館の認定は、次の基準に基づく。

　　a）コレクションの数と価値。

　　b）コレクションの保存および展示の質。

　　c）施設および設備、機器を管理する

　　d）専門職員の規格化の程度。

2. 本条第 1 項に指定された基準の達成レベルに基づいて、政府は
　　博物館の認定に関して具体的に規定する。

（以下省略）

　また、2010 年に制定された「文化遺産法の条文の施行に関する詳細
な規定及び文化遺産法の条文の修正と補足」によって、1 級から 3 級ま
での等級が認定されている。以下に、その基準を記す。

文化遺産法の条文の施行に関する詳細な規定及び文化遺産法の条文の

修正と補足

第 5 章　博物館の組織及び活動

　第 29 条　ベトナムにおける博物館の認定

　　ベトナムの博物館は以下のように認定される。

　1. 1 級博物館

　2. 2 級博物館

　3. 3 級博物館

第 30 条　博物館の認定基準

　第 1 項　1 級博物館は以下の基準に達していなくてはならない

　　a）博物館の対象や活動範囲に適した収蔵品が十分あり、それに
　　　は希少で貴重な史資料のコレクションが少なくとも 5 つあるこ
　　　と、収蔵品総数の 90％ 以上が科学的に調査されていること。

　　b）収蔵品総数の 100％ が定期的に保管、保存され、保存処理が
　　　実施されていること。

　　c）常設展示と毎年少なくとも 3 回のテーマ展示をおこなうこと。
　　　常時開館し、一般公開されていること。

　　d）強固な建築物と適切インフラ設備を有し、本条第 1 項 a、b
　　　および c で規定された収蔵品の展示・保管、および博物館に
　　　おけるその他の通常の活動が確保されていること。

　　e）幹部職員、研究員、専門職員の 100％ が、博物館のテーマや
　　　活動範囲に適した大学の学位をもっていること。

　第 2 項　2 級博物館は以下の基準に達していなくてはならない

　　a）博物館の対象や活動範囲に適した収蔵品が十分あり、それに
　　　は希少で貴重な史資料のコレクションが少なくとも 3 つある
　　　こと、収蔵品総数の 80％ 以上が科学的に調査されていること。

　　b）収蔵品総数の 100％ が定期的に保管、保存され、保存処理が
　　　実施されていること。

　　c）常設展示と毎年少なくとも 2 回のテーマ展示をおこなうこと。
　　　常時開館し、一般公開されていること。

　　d）強固な建築物と適切インフラ設備を有し、本条第2項a、b
　　　およびcで規定された収蔵品の展示・保管、および博物館に
　　　おけるその他の通常の活動が確保されていること。

　　e）幹部職員、研究員、専門職員の80％が、博物館のテーマや活
　　　動範囲に適した大学の学位をもっていること。

第3項　3級博物館は以下の基準に達していなくてはならない

　　a）博物館の対象や活動範囲に適した収蔵品が十分あり、それに
　　　は希少で貴重な史資料のコレクションが少なくとも1つある
　　　こと、収蔵品総数の70％以上が科学的に調査されていること。

　　b）収蔵品総数の100％が定期的に保管、保存され、保存処理が
　　　実施されていること。

　　c）常設展示と毎年少なくとも1回のテーマ展示をおこなうこと。
　　　常時開館し、一般公開されていること。

　　d）強固な建築物と適切インフラ設備を有し、本条第3項a、b
　　　およびcで規定された収蔵品の保管・展示、および博物館に
　　　おけるその他の通常の活動が確保されていること。

　　e）幹部職員、研究員、専門職員の60％が、博物館のテーマや活
　　　動範囲に適した大学の学位をもっていること。

3　ベトナムにおける博物館学教育の歴史

　1945年8月革命の前、つまりフランス植民地時代においては「博物館
学」に関する書籍（教科書）は出版されていない。独立後、ホーチミン主
席は主席令「ベトナムにおける古跡保存（Bảo tồn cổ tích ở Việt Nam）」（1945
年11月23日）を発効し、これがベトナムにおける最初の博物館関係の法
令となった。新しい国家建設の中で、当時の兄弟的社会主義共和国のソ
ビエト連邦（以下、ソ連）から博物館学に関する専門家が訪越し、ベトナ
ムの博物館活動にかかわる職員を指導するとともに、ソ連で刊行されて
いた専門書をベトナム語訳し、教科書として使用した。1960~70年代に
なるとベトナムの職員を中国やソ連に留学させ、博物館学を学ばせるよ

うになった。1967年5月には、当時のハノイ総合大学（現在のベトナム国家大学ハノイ校）歴史学科に博物館学部門が設立された。この部門は1980年代はじめまで継続されたが、その後はハノイ文化大学（Hanoi University of Culture）に拠点が移され、現在のハノイ国家大学（Vietnam National University, Hanoi）歴史学科にはその部門はない。また、1975年以前の南ベトナムではこのような博物館学教育はほとんどなかった。

　ベトナム人研究者による最初の書籍は、1967年に出版された、ダオ・ズイ・キー（Đào Duy Kỳ）による『ベトナムの博物館の科学的理解』（*Tìm hiểu khoa học bảo tàng Việt Nam*）である。

　1976年にはソ連の博物館学の教科書が翻訳され、大学の教科書としても利用された。1980年には『博物館活動手引き』（*Sổ tay công tác bảo tàng*）と『史跡保存活動手引き』（*Sổ tay công tác bảo tồn di tích*）の2冊が刊行され、手ごろなガイドブックとなった。1981年にはハノイ文化大学の教員であるファン・カイン（Phan Khanh）、グエン・ティ・フエ（Nguyễn Thị Huệ）、ジエム・ティ・ドゥオン（Diêm Thị Đường）の3名による編集で、2巻からなる『博物館学の基礎』（*Những cơ sở bảo tàng học*）が刊行され、教科書として使用された。さらに、1990年になると、ハノイ文化大学の博物館学教員による『博物館学の基礎』（*Cơ sở bảo tàng học*）全3巻が刊行された。その第1巻は『博物館学の基本的諸問題』（*Những vấn đề cơ bản của bảo tàng học*）、第2巻は『博物館収蔵庫の強化について』（*Kiện toàn khô cơ sở của bảo tàng*）、そして第3巻は『博物館の科学的知識の普及』（*Phổ biến tri thức khoa học của bảo tàng*）である。

　1993年にはグエン・ダン・ズイ（Nguyễn Đăng Duy）とチン・ティ・ミン・ドック（Trịnh Thị Minh Đức）編集の教材『歴史的文化的史跡の保存』（*Bảo tồn di tích lịch sử văn hóa*）が刊行された。また、2004年にはグエン・ティ・ミン・リー（Nguyễn Thị Minh Lý）編集の『ベトナムにおける古物に関する大綱』（*Đại cương về cổ vật ở Việt Nam*）が刊行された。

　内容は学習者に対して青銅器や陶磁器などの遺物の分類や観察方法、その価値などを言及したものである。また、同年にはハノイ文化大学か

らグエン・チン（Nguyễn Thịnh）編集の『博物館の管理』（Quản lý bảo tàng）
が刊行されている。

2005 年にはグエン・ティ・フエ編集によるベトナムの博物館史の概
略をまとめた『1945 年から現在に至るベトナムにおける博物館事業略史』
（Lược sử sự nghiệp bảo tồn bảo tàng Việt Nam từ 1945 đến nay）が刊行されている。

2008 年には、グエン・ティ・フエ編集による博物館学を学ぶ学生や
専門学校生を対象とした教科書『博物館学の基礎』（Cơ sở Bảo tàng học）が
刊行されている。

4　ハノイ文化大学とホーチミン市文化大学

現在、ベトナムで「博物館学」コースをおく大学は首都ハノイにあ
るハノイ文化大学とホーチミン市にあるホーチミン市文化大学（Ho Chi
Minh City University of Culture）である[5]。

ハノイ文化大学は当時の文化省（現在の文化・スポーツ・観光省）によっ
て 1959 年 3 月 26 日に設立された。名称や教育内容の変更などをへて、
1982 年から現在にいたるまで、おもに図書館、博物館・保存、書籍出
版、観光文化、そして文化活動者養成の教育を実施し、かつベトナムの
文化研究を推進している。

大学は 4 年制、大学院は修士課程、博士課程がある。大学には 12 学
科と図書館などがある。12 学科とは、文化遺産学科、出版刊行学科、
文化―芸術管理学科、図書館―情報学科、少数民族文化学科、観光学
科、ベトナム語新聞学科、文化学学科、言語・国際文化学科、基礎建築
学科、家族・社会活動学科、法律学科である。

研究面では、図書館学研究、文化政策と管理研究、博物館保存研究、
観光学研究、少数民族文化研究、文化学研究、文学理論批評研究、現代
文化研究、社会文化研究、国際文化研究を推進している。

教職員数（2018 年 12 月現在）は 259 名、そのうち教員は 133 名である。
259 名のうち、56 名が博士号を有し、そのうち 12 名が准教授である。
ベトナムの教授・准教授の認定は、わが国のように各大学で認定するも

のではなく国家認定のため、業績評価が厳格である。そして137名が修士号を、48名が学士号をもつ。

　博物館学コースの教員数は10名であり、このうち6名が博物館学の専門教員である。ほかは、史跡や歴史分野の教員である。1982年以前はハノイ総合大学史学科が博物館学を担当していた。博物館コースへは、毎年20~40名の入学者がいる。

　ホーチミン市文化大学は1976年1月30日に南部の文化情報省の決定により設立され、当初の名称は 文化情報業務学校であり、中等教育機関であった。その後変遷し、2005年から大学となり、大学院教育も担当することになった。大学は7学科あり、文化‐芸術管理学科、観光学科、文化学学科、情報−図書館学科、出版刊行学科、文化遺産学科、伝統学科、基礎建築学科である。

　大学院修士課程は文化管理、文化学、図書館科学のコースがある。

　博物館コースのある文化遺産学科は40年ほどの歴史があり、これまで南部各地の博物館や関係機関に1,000名以上の卒業生を送りだしてきた。博物館コースの教員数は10名で、このうち5名が博物館学を専門とし、ほかに史跡や考古学を担当する教員がいる。現在の学生数は1学年200名ほどである。この学科の博物館コースへは、毎年15~30名の入学者がいる。

5　博物館学の教科書

　博物館学コースをもつ大学では、現在、下記の3点の教科書を使用しているという。

・グエン・ティ・フエ編　2008　『博物館学の基礎』
　ハノイ国家大学出版社（Nguyễn Thị Huệ 2008 *Cơ sở Bảo tàng học*）
・グエン・ティ・フエ編　2011　『博物館遺物収集に関する教科書』
　ハノイ・労働出版社（Nguyễn Thị Huệ 2011 *Giáo trình sưu tầm hiện vật bảo tàng*）
・グエン・ティン『博物館展示』
　（Nguyễn Thịnh *Trưng bày trong bảo tang*、出版年等不明）

　以下に、筆者が入手したグエン・ティ・フエ編の『博物館学の基礎』
から、その目次を紹介する。

第1章　博物館学 – ひとつの科学
　1.1　世界とベトナムにおける博物館の誕生
　1.2　博物館学の概念と構成要素
　1.3　博物館学の研究対象
　1.4　博物館学の研究方法
　1.5　他の科学部門との諸関係と位置
　　　　質疑と復習

第2章　世界とベトナムの博物館の歴史的概括
　2.1　博物館の起源と誕生
　2.2　歴史書段階での博物館の発展
　2.3　ベトナムの博物館の発展
　　　　質疑と復習

第3章　博物館の特徴と職務
　3.1　博物館の概念
　3.2　博物館の諸活動
　3.3　博物館の特徴
　3.4　博物館の社会的機能
　　　　質疑と復習

第4章　博物館所蔵の遺物と展示物
　4.1　博物館所蔵の遺物
　4.2　博物館の展示品
　4.3　博物館の遺物収集
　　　　質疑と復習、練習

第5章　博物館の分類と特異点
　5.1　博物館の分類の基礎と目的
　5.2　博物館のタイプと種類
　5.3　地方博物館の特徴

　また、この教科書の巻末には、博物館に関する 1998 年、2001 年、2004 年、2005 年の文化情報大臣（当時）による決定書や 2005 年、2006 年のベトナム共産党中央委員会報告および政府規定が掲載されている。

6　ベトナム中部のホイアン市の事例

　ここで少し視点を変えて、筆者らが長く調査研究にかかわっているホイアン市の博物館活動の事例を紹介したい。

　ホイアン市は中部のクアンナム省にあり、中部最大の河川トゥーボン川の河口に開けた港町である。旧市街地には東南アジアのなかでも港町の古い景観が良く残り、また東西交流を示す建物群があることなどにより、1999 年にユネスコの世界遺産に登録された。

　旧市街地は 1985 年に国の史跡に登録され、それを管理するホイアン市遺跡管理班が 1986 年に設立された。この組織は、1996 年にホイアン市遺跡保存管理センターとなり、その後、ホイアン文化遺産管理センター（Hoi An Center for Cultural Heritage Management and Preservation）と名称を変えている。

　2018 年現在の組織は所長 1 名、副所長 3 名の下に、遺跡修理室 10 名、博物館室 27 名、財務室 5 名、行政保存室 13 名、開発協力室 5 名、史跡管理室 8 名、旧市街管理室 6 名で構成されている。研究活動も活発であり、季刊雑誌は 2008 年から 2018 年現在で、45 号まで刊行され、またホイアンの民俗や祭礼、考古学関係などの単行本が 30 冊ほど刊行されている。

　博物館室の勤務員は 27 名で、室長が 1 名、副室長が 2 名いる。このうち、大学で博物館学を学んだ職員は 5 名であり、みなホーチミン市文

図5　ホイアン博物館

化大学を卒業している。この博物館室の任務は、各博物館の管理、史跡管理、収蔵庫管理、遺物や資料収集、研究、そして文化財の洪水や災害などに対する対策などを目的としている。各博物館とは、ホイアン市内にあるサーフィン博物館、貿易陶磁器博物館、民俗博物館、伝統医学博物館、ホイアン博物館（図5）である。

　ところで、組織面では日本のそれと大きく異なる。それは、すべての組織にベトナム共産党ホイアン市委員会の支部が存在し、博物館活動と連携しながら活動をしていることである。博物館室には共産党支部があり、党員は12名在籍している。勤務員のほぼ半数が党員ということになる。書記長1名、副書記長1名、委員1名がいて、博物館室長と博物館室支部書記長は同一人物である。

　同時に、ホイアン文化遺産管理センターには75名ほどの職員が勤務しているが、そのうちの38名が共産党員である。そのトップが所長でもある。センターは共産党中央の方針と文化・スポーツ・観光省の文化遺産部局の方針、そしてホイアン市共産党委員会の方針をうけ、博物館の現状にあわせて仕事をする。この点に関しては、部外者である外国人には理解することが困難であろう。

　この組織には考古学を学んだ1名、東方学を学んだ2名、ベトナム学を学んだ1名、歴史学を学んだ4名、民俗学を学んだ1名、建築学を学んだ7〜8名、技師である7〜8名、語文を学んだ3名、哲学を学んだ1名、外国語を学んだ4名（うち中国語1名、英語3名）がいる。大学院修了者（修士課程）は6名であり、うちわけは建築学が3名、歴史学が2名、技師が1名である。ベトナムのこのような組織の中では、陣容とも充実しているといっても過言ではない。

7 ベトナムにおける博物館学教育の問題点

　以下では、筆者らが気づいた大学における博物館学教育の問題点について記したい。

　ひとつは、国立博物館に就職するためには「博物館学」を教える大学を卒業しなければならないといことである。そのため、ハノイ文化大学とホーチミン市文化大学の出身者のみが就職可能となる。以前は、他大学で歴史学や考古学を学んだ学生が就職できたが、今はそれができないという。

　ハノイ文化大学は1982年以降、博物館学を担当する大学となった。学生は卒業後、各省の博物館などに就職する。以前は、考古学担当の教員がおり、考古学も教えていたが、現在ではその教員が退職し、その後の考古学担当教員の補充がなく、考古学の調査方法など、考古学のカリキュラムがないため、考古学を学ぶことなく卒業する学生がいる。このことが卒業後の博物館活動にとって支障をきたす問題になっているという。

　2019年にベトナム考古学会の第3回大会が開催され、そのなかで国に対して考古学専攻生が博物館に就職できるようにとの要望書がまとめられ提出された。しかし、国からの回答はまだないという。国公立の博物館展示品は、遺跡から出土した考古遺物が多い。また、近年の開発に伴う各地での考古学調査が盛んになってきている現状において、博物館職員に考古学専攻卒業生が必要という判断であろう。

　つぎに、ベトナムの博物館職員に女性が多いという事実をどのように考えるか、という問題である。タインホア省の博物館では、男性は館長1名のみで、その他の専門職員20数名はすべて女性であるという。

　近年のベトナムは経済発展が著しく、会社員と公務員の給与の格差が大きい。卒業後の就職を考えると、ベトナムの男子学生は給与の高い貿易や外国語、科学技術系の学科を選ぶ傾向にあるようである。公務員である博物館職員の年収は、勤務3年目までは約150,000円ほどである。月給に直すと12,000円ほどであり、これでは家族が暮らしていくことはできない。人文社会科学系の学科は男子学生から敬遠され、必然的に

女子学生が大変多いのが現状である。そして本章2節でも紹介したが、博物館として存続するためには博物館に関連する学科、つまり人文社会学系の学科を卒業している専門職員が一定数必要であり、それを担保した結果が現在の女性に偏った博物館の状況を生みだしている。

　博物館が給与の安い職場として定着してしまえば、今後は女子学生からも敬遠され、いずれは深刻な専門家不足に、ひいては収蔵品管理の質や博物館運営体制の低下に陥るだろう。早急な、専門職員の待遇改善がのぞまれる。

　なお、大学のカリキュラム構成上の問題点などについては、現状では不明なことが多く、今後の検討課題としたい。

図6　新国会議事堂とホアンジユウ18番地点遺跡展示

図7　新国会議事堂地下博物館　展示室　　図8　新国会議事堂地下博物館　展示室

おわりに

　本章では、ベトナムの博物館学教育について不十分ながらまとめてみた。残念ながら、ハノイ文化大学の博物館学担当教員に取材をすることができなかったが、ベトナム国家大学ハノイ校（ハノイ国家大学人文社会科学大学）歴史学科の教員から情報と資料をいただいた。本章は、それをもとにまとめたものである。情報を寄せていただいたダン・ホン・ソン（Đặng Hồng Sơn）准教授に感謝したい。

　なお、近年、ベトナムでは新国会議事堂の地下に最新の博物館が造られている（図6〜8）。この博物館に関しては菊池誠一「ベトナムのタンロン皇城遺跡と新国会議事堂地下博物館」（『考古学研究』第66巻第3号）があり、ベトナムの博物館の一端を紹介しているので参照願いたい。

註

(1)　1941年から45年までは、フランスと日本の二重支配体制。

(2)　フランス人建築家デラヴァル（Delaval）とオークレール（Auclair）によって設計された。

(3)　建築家エルネスト・エブラール（Ernest Hebrard）による建築様式。フランスの建築にインドシナ特有の木造に似せたベランダコロニアルや屋根の支えなどの要素を加味して折衷した様式。

(4)　1986年に提起された、社会主義を実現するための過程の発想を刷新する政策。農業を重視した現実的経済の建設、市場経済原理の導入、国際的協力関係の拡大をスローガンとした経済政策。

(5)　ハノイ文化大学については、大学のホームページ（http://www.huc.edu.vn/）を、ホーチミン市文化大学については、大学のホームページ（http://hcmuc.edu.vn/）を参照した。

引用・参考文献

山形眞理子　2001「ベトナムの博物館事情―特に地方の省博物館について」『Mouseion：立教大学博物館研究』47、pp.1-6

Nguyễn Thị Huệ（Chủ biên）2008 *Cơ sở Bảo tàng học*（グエン・ティ・フエ編 2008『博物館学の基礎』ハノイ国家大学出版社）

Phạm Mai Hùng 1990 *Các Bảo tàng quốc gia Việt Nam*（ファン・マイ・フン

ほか　1990『ベトナム国立博物館』ハノイ）

Trung tâm quản lý di sản văn hóa Hội An 2016 *30 năm dựng xây và phát triển*（ホイ
アン文化遺産管理センター　2016『30 年間、建設と発展』）

3 ラオスの博物館序説

―博物館人類学的視座からの考察―

小田島 理絵

はじめに

　本章では、ラオス人民民主共和国（以下ラオス）における博物館の概況を述べながら、ラオスの博物館教育、人材育成の分野において基礎情報となりうる経緯や課題を考察していきたい。

　本章は、博物館を研究対象の俎上へ配置し直し、それを再考するものである。近年の遺産学（Heritage Studies）や博物館人類学（Museum Anthropology）に見られるこの方法[1]は、ラオスや東南アジア諸国の博物館に接近するうえで意義が深い。近年、日本では分野横断的・学際的に文化財、遺産、博物館の議論を行う場が醸成されており、議論全体が深化し始めている。東南アジアの文化遺産、博物館に関しては、国際協力というかたちで日本は深く関わってきた。その初期的な関わりは、遺産と博物館に関連する保護・保存・修復関連の実践的な技術的協力、いわば救済中心の関わりであり、そこではある特定の遺産や博物館の見方、協力のあり方が温存されていた。しかし今日、この救済の枠組みを超え、既存の遺産や博物館を根本から問い直す議論の深化がより一層、日本では活発になっている。この議論は、日本と東南アジアとの関わりにも必要になっていると考えられる。

　そこで本章では、この救済以後のアプローチに沿いながら、ラオスに焦点を絞り、博物館設立や文化財あるいは文化遺産保護の現象そのものを考察の対象に据え、当該国の博物館や文化財、文化遺産の保存と保護

という行いを再考察してみたい。そうすることで、今後の文化遺産保護・保存のあり方、博物館教育や人材育成のための基礎的情報を提示したい。

1 ラオスにおける博物館の設立と普及

　ラオスにおいて、博物館が公的な制度として普及してきた概況は、拙稿（小田島 2018）で記した。ここではまず、その論点を整理・要約しつつ、ラオスの博物館の状況を今一度説明したい。

　現代ラオスでは首都ビエンチャンの国立博物館、およびルアンパバーン（ルアンプラバン）[(2)]の国立博物館を始めとして、全国のほとんどの県に公立の博物館が設立されている。個人のギャラリーなどを別として、公立の博物館がほぼ全体を占めている状況である。博物館が全土に設立された現象が生じたのは、1975 年 12 月の社会主義革命以後、人民民主共和国体制になってからである。フランス領インドシナ時代には、同じフランス領内に置かれたカンボジア、ベトナムとは異なり、ラオスにおける博物館計画は、既存の仏教寺院を仏像の展示場にする試みが行われたのみであり、博物館は建設されなかったようである（小田島 2018：68-69）。

　革命政権が設立していった公立博物館が担う使命は、主に二種類である。第一に、一つの国家ラオスの歴史・文化を公的に伝達することであり、その目的に

図1　国家の無形文化遺産になった竹笙ケーンを演奏する国家の英雄・故カイソーン・ポムウィハーン（情報文化省 2008 表紙）

寄与する文化・歴史的な遺物等の収蔵品が管理・展示されていることである。国として一貫した歴史の流れを展示する使命と関連して、1975年の社会主義革命、および革命に至るまでの左派パテート・ラオの闘争を記録することが第二の使命である。過去のラオス、つまり14世紀にルアンパバーンに建国されたランサン（ラーンサーン）王国の歴史と伝統と同じ流れの俎上に革命の出来事を置くことが今日のラオスの博物館の使命である（小田島 2018：85-89）。

　社会主義革命の記録と追悼という使命を担う博物館の代表例として、カイソーン・ポムウィハーン博物館（Kayson Phomvihane Museum）を挙げることができる。カイソーンとは、社会主義革命を成功に導いた指導者であり、1975年以後のラオスの体制構築を主導してきた人物（図1）である。王制を廃止した新生ラオスにおける社会主体は市民そのものであり、その市民として生まれ育ったカイソーンは国民のモデルであり、尊敬すべき新たな象徴とされた。このカイソーンを代表者として新しい国家づくりのための闘争に身をささげた英雄を記憶し、顕彰する場としてカイソーン・ポムウィハーン博物館が公的施設として設立された（小田島 2018：88-89）。

　1975年後に普及した博物館の多くが、新しく建設され、収蔵庫や展示室を備えた博物館学に準拠する博物館であるとすれば、1975年以前から存在していた建物をそのまま用い、備え付けの収蔵庫や展示室が少し異なる様相を呈しているものも、革命直後に博物館と認定された。例として挙げられるのは、首都ビエンチャンに建立され、国の象徴とされるタートルアン（That Luang）（大塔の意味）である。タートルアンは、16世紀に現在の首都ビエンチャンにランサン王国の王都が遷都された際に、旧都ルアンパバーンの町づくりと同様、建立された塔である。仏舎利を納めた塔とされており、仏教の戒律や教えが社会統治と秩序維持の源泉であることを象徴している。ランサン王国時代における政治・社会・景観上の重要なメルクマールである。また同じく、首都の中心地に建立されたパケオ堂（Ho Phakeo）（ホーパケオ）とシーサケート寺院（Vat

Sisaket) も公立の博物館として認定されている。これらは建物の外観上、仏教寺院そのものである。内部に収蔵されているのは、仏像を始めとする仏教由来の収蔵品であるが、それらが革命以前から寺院内部に安置されてきた状態そのもので「展示室」になっている。

　上記の大塔・仏教寺院は、一つの国家ラオスの歴史・文化を公的に伝達する、という前述した現代ラオスの博物館の第一の使命を担っている。仏教施設が博物館であると公的にみなされている理由は、以下の通りである。

　ラオスの主要民族集団であるラオ（ラーオ）人は、上述の通り、14 世紀半ばにランサン王国を建国したとされているが、このランサン王国は、国の統治・社会の秩序の維持のために上座部仏教の戒律と教えを用いてきた。ランサン王国は、周辺からの攻撃のために 16 世紀にビエンチャンに遷都し、18 世紀には分裂していく。19 世紀末にはフランス領インドシナに吸収されるが、20 世紀半ばにはフランスからの脱植民地化、そしていわゆるベトナム戦争におけるアメリカ軍への闘争と勝利を成し遂げたという構図を社会主義政権は公的に認知している。現在の政権が過去を想起するとき、一つの国としての継続的な歴史の源流としてランサン王国史に深く関わる上述の仏教施設を国家施設としているのである。社会主義政府は、革命当初より仏教組織を傘下に置き直すことに腐心した。その過程で、彼らのナショナリズムに仏教寺院を召還していった。

2　促される再考

　ラオスで仏教施設が公式には博物館に認可され、そう呼ばれていることについて、外国からの訪問者・滞在者が驚くことがある。筆者はこれまでに、外国人のそのような意見を耳にしたことが何度かある。なぜ、寺院と呼ばず、博物館なのかと彼らは述べるのである。その質問者は、次のように述べるのである。なぜラオスには博物館らしい博物館がないのだろうか、と。彼らの疑問は、仏教寺院、そして王宮と併せて、革

命・闘争・英雄を記憶・顕彰する場として様々な文物——軍事文書やポスター、戦時の日用品、軍用車等の様々なもの——を展示しているカイソーン博物館のような場所に対しても向けられている。彼らはつまり、博物館学的博物館の存在が霞んでいることを疑問に思っているのである。

　ラオスには博物館らしい博物館が見られないという外国人の意見を筆者がしばしば耳にしたのは、少し時間を遡るが、2000年代初頭のことである。この当時、このような見方があった一つの要因には、遺産とは何か、遺産を取り扱う場とはどんなものか、という見方がある種、固定的であったということが関連していたように思われる。近年では、遺産と言っても、産業遺産や負の遺産といった遺産概念の変化、人間が生きる証としての多様な諸側面を省察・再考する機運がある。しかし、二十年弱前の当時、ラオスへの訪問客や滞在者にはその機運がおそらくなかったのではないだろうか。このため、彼らは仏教寺院や闘争といったテーマの博物館を「普通の博物館」とは異なると評していたのではないかと考えられる。

　上記のエピソードは私たちに、博物館に対する考え方が固定的で、一方向的であることに対して再考を促すことになる。あるいは、もし「博物館らしくない博物館」がある特定の場所で主流なのだとすれば、それはなぜなのか、という思索へと私たちを導くのではないだろうか。この思索を重ねてみたとき、筆者は、ラオスにおいて「博物館らしくない博物館」が主流だと評されてしまう状況を理解するうえで、記憶、つまり「今、此処」からの視点が重要だと考える。博物館は、時代の枠を超えた様々な文物を保管する場である。それぞれの収蔵品は、実際の製造や使用が行われた時代そのものに存在しているわけではなく、「今、此処」に存在している。時代性や文化的・社会的脈絡からすでに離れてしまった収蔵品を留め、見せる今現在の場なのである（Bennet 1995）。つまり、博物館は、今現在の脈絡や時代性をもって、何を、どのように、誰に対して取り扱うのかということが決定されている場である。そう考えたとき、外国から見て「博物館らしくない博物館」を主流としていると言わ

れたラオスの博物館の状況が示すのは、現在の国の継続性や国の重要な基点たる革命を留めて敬う姿勢であり、それを内外の様々な人々に対して表明することだということが改めて浮上してくるだろう。ラオスの博物館には、文化的・社会的・歴史的意味が満載となっているのである。その意味を共有しない外国からの訪問客は、ラオスの博物館の正統性を問題視したのだと言える。

　どんな博物館が正統であるのか、という問題は、博物館の歴史そのものを私たちに問い直させるだろう。歴史の中で、博物館とは西洋近代の「発明」だと言われる。このことは、西洋近代を負の時代と見做すラオスにとって複雑である。その複雑さに関して、筆者は、拙稿（2018）で模倣という観点からアプローチした。社会主義革命の英雄が闘争していた対象は、植民地主義と帝国主義であり、それらの「主義」に付随する慣習—博物館を含む—もまた闘争の対象だった。そうであるにもかかわらず、闘争の対象であったはずの博物館制度は、革命の英雄によって模倣されたのである。なぜなら闘争の英雄にとって、この模倣は外来慣習への準拠そのものではないのである。真似ることによって物事を曖昧にし、そのことで支配—被支配の構造を覆す抵抗でもあるのだ。このように考えたとき、ラオスの博物館とは、まさにこの模倣が現実化したものとして見えてくる。模倣された博物館には、仏教寺院や闘争用の文物といったそれ自体には関連性がないものが保管され、展示されている。しかし、模倣側の「今、此処」にとっては非常に重要なものであり、関連があるのだ。革命後のラオスの「今、此処」で何が一体重要なのかを考えたとき、表に出てきたのが、仏教、そして闘争と革命に関連する事物なのである。これらの内的な一貫性は、博物館学的知からではなく、ラオスの文化と社会、歴史と政治の文脈からでしか接近できないのである（小田島 2018：67-68）。

3　大学生と博物館

　ラオスでは、いわゆる博物館の多くは、1975 年以後に博物館として

認定されたものであり、その制度は比較的新しいということは既に述べた。しかし近年では、若い世代を中心に、博物館とは何なのか、どういうところなのか、という認識にも変化が見られる。これについては、社会主義革命からおよそ10年が経過した後のもっとも大きな政策転換である1986年の新思考政策と市場経済開発推進といった大きな流れの中で、文化教育や文化・伝統の保存保護に対する公の取り組みが変化したことが関わっていると言えるだろう。伝統と文化の重要性は、革命政権も充分に認識してきた。彼らの愛国主義的スローガンには、ラオスの文化と精神の純潔さを唱えるスローガンが多くあるように、この伝統と文化の保護というテーマは、革命にとって重要なことだった。しかし、高度市場経済成長をもくろんだ新思考以後は、そのテーマがより現実的なものになっている。新思考は急速な開発を促進し、文化がまさに消滅しかけている危機感から、政府は文化を救済する必要性をさらに提唱するようになっている。この提唱の向かう先が、革命後に誕生し、今や人口の多くを占める若者の世代なのである。

　一方では経済成長を促し、他方では文化救済を提唱する新思考以後の学校教育、とくに大学教育では、小規模のようだが、博物館に関する教育も行われているようである。一つの試みを挙げるとすれば、ラオスを代表する高等教育・学術機関であるラオス国立大学（ビエンチャン校）では、歴史学・考古学・人類学部門の学士教育課程の学生用に、博物館学的知識を含めた教育を取り入れ始めているようである（パンシーパンラーほか編著2013）。教科として博物館学を確立するほど専門特化がされているわけではないようだが、博物館学が普及しうる教育環境が萌芽しているように見える。大学での博物館教育は、おもに、国家や共同体にとって価値ある収蔵品を保護、管理、保存、修復する場といった博物館の科学的意義の学習のようである（パンシーパンラーほか編著2013）。高等科学機関としての役割を担う大学機関が、このように、大学生を対象に博物館の教育をし始めているということは、将来的な博物館学的専門家の養成が視野に置かれているということだと考えられる。今現在は、まさに

その第一世代の育成を開始する段階だということだと思われる。

　大学教育での博物館学的教育と、政府機関が概念づける博物館の考え方には、多少のずれがあると言うこともできる。既に述べたように、政府側の定義づける博物館は、社会主義革命を成し遂げた国家の英雄について学び、追悼する場だということを強調しているが、大学教育はどちらかといえば、科学志向である。いずれにしろ、基本的考え方が行政のものであれ、学術機関のものであれ、多くの大学生にとって、博物館とは、後述する社会全体の傾向と同様に、とても身近な存在とは言えないのではないかと筆者は考える。博物館とはどんなところなのか、なぜ博物館が存在するのか、という理解については、大学生個人の生育歴や出身地によっても、状況は異なるかもしれない。たとえば、ルアンパバーンというランサン王国のお膝元であり王宮を町の中心地に据える町で生まれ育ち、現在ではその王宮が博物館として国内外の訪問者を迎えている様子を日々目にしていた学生は、少なくとも博物館という言葉や存在を知らなくないかもしれない。首都ビエンチャンで生まれ育った学生もまた、町の一つの主要スポットとして国立博物館があることを全く知らないとは言えないだろう。筆者は実際に、革命のための闘争を追悼記念する首都ビエンチャンの博物館の一つでアルバイトをしている大学生数名に館内の案内ガイドを受けたこともある。その際には、館内の展示品それぞれの説明を受けたが、戦時下で用いられた様々な収蔵品は、保存の観点から、訪問者が触るといった行為が許可されていないことをはじめとして、いわゆる基礎的な博物館学的知識を備えていた。大学生の説明によって分かったことは、他にもある。一般的な大学生にとって、文化や歴史を学ぶ場として博物館が存在するということはそれほど特異なものではないが、アルバイトや、ガールスカウト・ボーイスカウトや遠足等のような校外活動の一環以外で、自主的に博物館に通うかどうかといえば別である、という逆説的事実だ。教育関係や政治関係に関心が強かったり、将来的な進路に政治の道を目指すなど、特に強い意識を持っている者もいるとは考えられるが、基本的には、気軽に訪問する場所で

はないようである。多くの学生にとって、もし余暇の時間があるすれ
ば、資本主義的エンターテイメントによる時間の消費や市場で売られて
いる「様々なもの」に引き付けられていく傾向は、大規模な経済開発の
時代の最中の他の東南アジア諸国にも見られるようだが、ラオスも類似
している。

　高等教育を受ける大学生一般は、博物館が展示してみせる一国史的文
化や歴史の展示に対して関心がないわけではない。善き学生、善き市民
であろうとすれば、訪問し、見ておくべきものであると考える学生は多
いだろう。しかし実際に、休みの日等、余暇の時間に個別に積極的に
訪問するかどうかと言えば、多くの若者にとって話は別なのである。多
くの若者にとっては、革命という重要な時代の転換やそれを担った英雄
に関する知識は愛国心を駆り立てるものであることは間違いない。しか
し、それらの出来事は、大学生ぐらいの若い世代にとっては、祖父母の
時代の出来事、すでに歴史の中の出来事になってしまっている。つま
り、博物館が国家の重要な出来事や人物の記憶に寄与する場として設置
されているとしても、人々がその出来事や人物を自分自身に強く関わる
出来事や人であるとか、ましてや自分自身の実体験として印象強く想い
出したり、追悼するかどうかというと話は別なのである。大学生世代が
皆、博物館を常に身近に感じて訪問する場とは捉えにくい状況と環境が
あるのだ。

　大学生世代にとって、博物館とは、自分が誕生したときには既に存在
していたものである。そのため、博物館を特異な機関とは見做さない。
しかし、経済成長と産業化に伴って生まれる余暇の時間に、博物館へ気
軽に脚を運ぶことはほとんどないという現象は、市民一般にも言えるこ
とである。この状況について、伝統文化保護政策立案を行い、公的博物
館運営を管轄する行政機関である情報文化観光省の担当官に筆者は話を
伺ったことがある[3]。その際、多くの担当官は、市民が頻繁に訪問する
場所に博物館がなりきれていないことをたいへん遺憾に思っているとの
ことだった。博物館を市民が広く利用するためのキャンペーンについて

は、思案や工夫を重ねているが、市民よりも、余暇の時間に非日常世界を求めてラオスに来る外国人観光客用の施設であるという状態からの脱出方法を見つけることが課題だということだ。

　次節では、博物館が、市民の多くが頻繁に利用する施設という本来望まれている位置づけを築いていない要因についてさらに考えてみたい。

4　公共の揺らぎ

　ラオスの市民が現代、博物館にあまり訪問しない、状況によっては訪問をしたことがないことについて、前節では資本主義的社会変化の影響を述べた。この節では、ラオスにおける公共性という観点から考えてみたい。革命以来設置された博物館を行政は、市民あるいは国民全体の公益施設、つまり公共性を担う施設と見做している。市民が自らオーナーシップを感じて利用する中で自ずから文化・歴史・革命・英雄の記憶づくりを促す公共施設として、政府は博物館を設置してきた。しかし、その意にそぐわず、市民の利用度が低いということを憂慮している。

　公共という観点で博物館を考えたとき、まず思い浮かべるべきは、先述したとおり、ラオスは公共施設を革命前からすでに醸成してきたというこ

図2　修復されるパケオ堂、又は「博物館」：建物修復は市民の寄付つまり功徳を積む行為によって成り立っており、公共とはこの行為を通して達成される（2015年9月筆者撮影、ビエンチャン首都区）

とだ。文化的公共施設として博物館的役割を果たしてきたのは、寺院、そして王宮だった。王宮はランサン王国の王室にとって重要な様々な文物を置いておく場所であったし、寺院も同様だったことから、王宮と寺院は、博物館の現地語であるホーピピタパン（ຫໍພິພິທະພັນ）の字義通りの意味「様々なもの」の場だったのだ（小田島 2018：66-67）。ただ、より厳密に述べるならば、保管されていた「様々なもの」の価値が高かったのは、それらがランサン王国にとって価値あるものとして使われていたからなのである。「様々なもの」が使われる時間・空間的脈絡こそが、それらのものを、手厚い保管に値する価値を付与していたこと、そしてその脈絡こそ、ラオスの公共性を知る手がかりなのである。

　ランサン王国の王室と王室の執政補助機関である仏教施設が、「様々なもの」をどのように、そしてどんな理由で用いたかと言うと、それはラオス暦の各月に一度催される祭祀・儀礼—あるいは政（まつりごと）—の執行の為だった。ヒートシップソン（12 の伝統あるいは慣習という意味）と呼ばれたこの祭祀・儀礼を行うことで、市民と彼らの社会に共有されるべき価値観・信念・世界観（仏教と土着の信仰を礎に、あの世とこの世、人間の生命の観念を始めとして、社会人としていかに生きるべきかという教え等）を再確認させ、安寧と平穏を保ち、また執政者としての王室の正統性を盛り込んだ手順の儀礼を通して確認させるものだった（Odajima 2014・2020）。

図 3　市民の寄付で寺院修復のために購入された瓦（2015 年 9 月筆者撮影、ビエンチャン首都区パケオ堂）

　この祭祀・儀礼に参加する市民側にとってたいへん重要なことは、功徳を積むことである。ラオス語でヘットブン（ເຮັດບຸນ）（またはタムブン ທຳບຸນ）とは、「徳のある行いをする（功徳を積む）」および「祭礼を開催する」という二重の意味を持つ。市民は、自分及び肉親の向上のために功徳を積むため（竹原・長谷川 1991）、それぞれ善行を日々行う。その行為を村落あるいは社会全体で一緒に行う場が仏教寺院であり、毎月の祭祀・儀礼の時間である。自分あるいは肉親及び周囲の人々の幸せと向上のために僧侶の有難い説法を聞くことも功徳に繋がる。個人あるいは家族が寺院に寄付をすることもまたしかりである（図2・3参照）。寺院は基本的に、村落単位の公共財産・公共施設である。建物そのものも価値があるが、寺院で人々が行っている功徳を積む行為そのものが価値を持続させている。寺院を基点に、皆が一緒に祭りに参加し、その機会を共有すること、その行いにこそ公共が具現化されている。人々の感覚での公共は功徳を積む行いを通して遂行的に形成される。公共福祉は祭祀の時間と空間に培われているのである。寺院や王宮およびそれらが保管する「様々なもの」は、ヘットブンの時空間で用いられることがなければ、重要性を保持しえないような公共財産だったと言える。

　このような公共、公共施設、公共財産の醸成は、西洋近代におけるそれらの生成のされ方と同様ではない。例えば、ラオスの旧宗主国フランスを一例として、公共の施設が生じた経緯について、ハーバーマス（2013）は次のように述べる。17世紀、芸術と文学の消費者であり批評家だった貴族のサロンが公共的機能を担ったが、一世紀を経ると、都市の文筆家や芸術家といった有力市民が「芸術の判官」（ハーバーマス 2013：61）になっていく。展覧会、美術館、そして博物館といった制度は、つまりブルジョワ的有力市民が集う公共圏の発達とともに定着をしていくのである。同時にその経緯では、ベンヤミン（2017）が述べるように、神聖なアウラを纏った芸術作品は、「見る」為のもの、あるいは展示する価値が優勢になっていく。これは、ラオスにおける公共の場が、王族や市民といった文化社会的地位の違いはあるとはいえ、どちら

の為でもある道徳的な場かつ積徳行為のための祭祀・儀礼の時間と空間として育ったこととは異なる。伝統的ラオスの公共の場では、ものは展示するためのものというよりは、神聖なものとして取り扱われてきたという点で異なるのである。

　どちらかといえば、社会主義ラオスは、「見る」価値上位の西洋的な博物館の制度を構築しようとしてきた。しかし、上記のようなラオス独自の文化・歴史の中で醸成された公共性が今もその効力を維持していることは、市民がヘットブンを観念的にも実践的にも重要視していることから看て取ることができる。ラオス社会における公共の財産とは、仏教の教えの実践とその実践を行う時間と空間と固く結びついていると言えるのだ。このため元々は寺院だった博物館（パケオ堂等）には新しく創設される博物館より愛着が起こりやすい。

　しかし現代、ラオス独自の公共性にも揺らぎが見られることも事実である。とくに若い世代にとって、革命直後の抑制された時代を経て、新思考以後には伝統文化保護の機運が高まるとともに徐々に復活してきた祭祀・儀礼は、もっとも接近しやすい公共の場であることは間違いないが、革命後にできた博物館もまた、社会の一部として当たり前に存在するものになってきている。このような環境において、市民の想像する公共、公共施設とは、決して寺院と祭りだけに留まるものでもないと考えられる。実際、市民には様々な公共や公共施設の考え方、付き合い方があり、開発とともに推進される科学の進展によって、近代教育に対する熱の込められ方は強まっている。その中で、博物館学的知と博物館学的公共性の重要性が将来的にはより注目されていく可能性もある。

5　博物館に「なる」：新たな挑戦の数々

　現代ラオスの市民側が実際のところ、博物館とどのような関係性を築いているのかについて、さらに検証を続けたい。彼らは博物館にどのように関与している（あるいはしていない）のだろうか。そもそも博物館の状況とは、どのようなものなのだろうか。2000 年代の初期に社会主義

政府によって設立された国立博物館の一つであるワットプー博物館（Vat Phou Museum）と周辺に暮らす人々を例にとって考えてみたい。

　ラオス南部に設立されたワットプー博物館は、2002 年に日本の公的援助によって建設が開始した。ラオスの国立博物館の多くはビエンチャン首都区、あるいは北部に集中しており（小田島 2018：83-85）、南部に設立された国立等級の博物館として、この博物館は大変貴重な施設である。また、ワットプー博物館の特別な点は、革命や英雄を記念・追悼する目的とは関係がないという点である。さらに、この博物館が特別であるのは、収蔵庫に保管される収蔵品が考古学遺物であること、その多くは、ラオス人のランサン王国から継続する歴史・文化観とは異なり、科学的観点からは、クメールその他の非ラオス人の歴史と関連が深いとされてきた側面を持つことである。

　この博物館の名称であるワットプー（山寺の意味）とは、南部の有名な考古学遺跡の名前である。ラオスは、ユネスコ世界遺産条約を 1987 年に批准しているが、この同年、メコン川下流地域で有名なワットプーをはじめとする考古学遺跡群の保護のために、ユネスコ世界文化遺産リストへの記載を目指した。その計画の一環として、ワットプーの名前を冠したこの博物館組織が現地に発足した。それ以来、この博物館が担っているのは、考古学遺跡・遺物の管理・保存・修復という博物館学的使命である。その使命に特化した博物館組織の発足と建設は、国内では初の試みだった。新しいことずくめの状態から運営を開始した、いわば新しい公共性を担うこの博物館の挑戦をここで追うことで、ラオスの博物館の実際の状況を示し、将来的ないわゆる博物館学的博物館の在り方を考え、人材育成と基礎的教育等の構想づくりに活かすことが可能であると考える。以下、設立当初からの筆者のワットプー博物館での参与観察を基に、ラオス独自の文化的公共性との間の揺らぎや課題などを交えながら、今日と将来の状況を考えるうえでいくつか重要な点を述べてみたい。

(1) 文化財という概念

　ワットプー博物館は、19世紀末に開始したフランス領インドシナ時代以後、諸外国から注目を受けるワットプーをはじめとする考古学遺跡の保存と修復を主な業務として設立された。上述したように、博物館設立はユネスコ世界文化遺産リストへの記載と同時期に行われた。当時、世界文化遺産リスト記載には組織化されたばかりの博物館職員がユネスコ派遣の国際チームと共に様々な業務に従事した。もっとも重要な課題は、新しく出来た組織全体のキャパシティ・ビルディングだった（Nishimura 2004）。文化遺産の用語づくりから開始し、保護・保存・修復の概念づくりと普及を始めた。日本での文化財に相当する用語としての遺産という用語はその際、ラオス語のモーラドック（ມໍລະດົກ）に相当するとされた。その当時、ラオス語と同様にタイ・カダイ系言語を主要言語としているタイ王国ではすでに、ラオス語のモーラドックの対訳となる用語が用いられていたようである。しかしユネスコとラオス双方は、ラオス独自で用語を考案する協議をした[4]ということである。最終的には、ラオスの遺産の用語の候補として、モーラドックが浮上したが、もう一つのソムバット（ສົມບັດ あるいはサップソムバット ຊັບສົມບັດ）という言葉との間での協議が行われた。結果として、モーラドックが選択され、ソムバットは選ばれなかった。理由は、ソムバットは物質的な財を示し、どちらかといえば個人や家族が相続する遺産（財産）という意味で用いられることが多かったからである。これはより広い意味での所有の概念、とくに国民の共有する公共財という意味とは離れてしまうからだった。この点で、モーラドックは異なる意味を持っていた。モーラドックはより広汎な、むしろ所有の部分を明示しない引き継がれるものという意味に近い。とくに革命後、財産の集団化政策の適用と終焉を経ており、所有の概念が常に課題となり続けたと考えられる社会主義ラオスの文脈では、国民全体がなにかを一緒に所有する、という考え方は、注意深くならざるを得ない部分もあったのではないかと推察される。この点の配慮もあったと推察されるが、最終的にモーラドックという用語が公共財の用

語になった（Odajima 2014）。

　もともと仏教用語のモーラドックは、「引き継がれる価値あるもの」という意味のなかに、精神修養的幸福という意味を含む、公共財の非物質性を説く言葉だと言える[5]。つまり、功徳を積む／祭りごとをおこなうという意味のヘットブン、人々も参加する実践的な公共圏の中で生じる価値を帯びたものとして文化財／遺産というものははじめて捉えうるのだ。しかし逆に、俗世に生きる人々にとって仏教の教えの一つであるモーラドックという用語は、日常用語ではなく、実際に分かりにくい語だった。このため、行政官を始めとして、キャパシティ・ビルディングを行ううえで、根幹としての文化財／遺産という考え方の協議・普及から開始し、機会があれば市民にも普及しようとしたようである。ただしその際、文化財／遺産という考え方が、文化的には仏教と深い関連を持つことは、意識的に教育の中に盛り込まれていたかどうかと言えば、ワットプー博物館設立時には方針が定まっていなかったようである。

(2) キュレーション：収蔵品の取り扱い

　ワットプー博物館が建設された当初、建設された建物の主要な機能は、組織のためのオフィスと収蔵品の保管のための保管庫としての機能だった。主な職員は、外国に留学をしたことのある職員だったが、博物館業務専門の教育をラオスでも留学先でも受けていたわけではなかった。とくにラオスでは、旧インドシナ諸国の中でも、考古学的遺物を取り扱う博物館専門職員を養成できる環境がほとんどなかった。しかし南部では21世紀になり、世界文化遺産リスト記載後、おそらく増加するだろう訪問客に対して展示する需要が見込まれるようになった。このために、地上の建物の遺跡の調査等を始めとして、収蔵庫の遺物の分類・測定の作業が進められた。ユネスコから派遣される外国人専門家がキャパシティ・ビルディングの任務に就いた（Nishimura 2004）。収蔵品の多くは、革命以前は南部の旧王族が暮らす王宮施設に収蔵されたものだった。20世紀半ばには、独立したラオス（ラオス王国）が北部ルアンパバー

ンの王族を王座に就任させていたため、南部王族は王族として曖昧な地位にあり、政治家として経済的独立をし、南部の支援者の役割を担っていた。王宮の職員の中には、フランス領時代の慣習で考古学遺物の保管の任務にあたり、美術史的なキュレーターの役割を果たす職員もわずかに存在したようである。しかし、フランス領インドシナの中で周縁化し、実質的に博物館は設立されなかったフランス領ラオスの状況を引き継いだ20世紀半ばのラオス王国では、キュレーターの存在、技術と知識は多くの人民には馴染みがなかったと言える。さらに革命後は、キュレーションという「ブルジョワな」慣習に眉を顰める者がいなかったとは言えない。伝統文化の保護は愛国主義的教育の中では重要視されたが、博物館学的技術は容易に人民に普及する環境ではなかったと言えるだろう。また、文化財／遺産の見方が仏教に結びついてきたことと同様、水稲耕作を主要な経済活動として生活してきた大多数の人民にとっては、考古学の遺物は、自然現象を左右する精霊の存在に関わったものである。「遺物」はたいへん神聖なものであり、そのために周辺住民は畏怖の念を抱いてそれらを取り扱ってきた側面がある（小田島 2009）。新思考以後の急速な経済発展の時代、科学的進展もまた国是とされる現代だからこそ、現在、急速な博物館学的知の認知と普及の必要性が公的機関内で高まっているが、それは人民にとっては急激な変化でもある。その中で、世代によっては、変化に対応しきれない部分も生じている。博物館学的知、キュレーション、あるいは博物館そのものは、その変化の最中に置かれている。

（3）コミュニティと博物館

　博物館が新たな公共性を表す場とされて以来数十年が経過した今日、博物館といえば、歴史的・文化的遺物保存・保管の場という意識が芽生えているが、ワットプー博物館周辺に暮らす人民、つまり身近な生活圏に博物館が長らく存在してこなかった農村部の人民にとっては状況がやや異なる。近年の筆者の現地調査時[6]を例に述べてみたい。既に述べた

ように、農民の共同体の中には考古学遺跡・遺物は霊的なもので、博物館で保管することは彼らの伝統外の慣習と見做される傾向があった。しかし近年、若い世代を中心に博物館の存在感が増しているため、この傾向は揺らいでいる。それでもなお、霊的な現象は若者にとって恐れの対象であることには変わりがない。

　40歳代から50歳代の社会の中核を担い、子どもの教育に熱心な世代であり、村落代表者である村長等の中には、さらに異なる理由で博物館制度と距離を置こうとする傾向がある。筆者の博物館職員との調査時、もう使わなくなったものを文化の教育のために保存することをどう思うかを尋ねると、賛同を示す人は少数である。理由は、村人の住居で工芸品等が庭の隅に置かれてすでに土で覆われ始めたようなものであり、今後使うかどうかは分からないものであるとはいえ、なんらかの事態が生じたらまたそれを使うからだということだ。ものが足りなければ、お金を払って購入すればよい、という大量消費の慣習から必ずしもものを捉えていないのである。

　伝統的な慣習を学ぶために、工芸品を博物館で保存することについて村人と話し合うとき、さらにもう一つ別の理由で賛同を得ることがない。その理由は、博物館組織は村落とは別組織であり、その異組織に村落の文化を所有されることへの危惧である。村人の所有の権利意識は、曖昧なのではなく、むしろ所有や権利の問題に対して非常に敏感で、それらに関連した争いに発展することを恐れているのである。困窮者の存在を認知し、支援をしようとする村落のモラル・エコノミー的考えによって、博物館に対して村落の文化的な物品の保管や展示の同意を出した場合、その善意が後々、譲渡側と被譲渡側の所有権利意識の衝突に発展してしまわないかということを懸念している。文化が博物館に領有されてしまうことへの危惧は、村落単位を超えた、コミュニティ意識の問題でもある。博物館の公共性が草の根レベルでは、ほとんど認知されていないということなのである。博物館が公共の施設だという機能を果たし、その認知があれば、博物館による収蔵品の保管は、市民を代理・代

表した保護行為と見做されるはずである。博物館の私有財産になってしまうわけではないことをどのように協議していくのかが、ワットプー博物館の課題として浮上している。

(4) 国際協力

　世界文化遺産リスト記載に伴って設立・建設されたワットプー博物館は、文化遺産の管理者として新たに現地職員の雇用を促した。しかし、新しく雇用された職員皆にとって、博物館マネージメントは新たな業務であった。そのため、専門家組織の養成が求められてきた。外国人専門家を雇用することは、限られた政府予算上、ほぼ不可能である。また外国から専門家を招聘するとしても、現地の歴史的・文化的・政治的状況の理解を備えていなければ、先々に続く協力は困難である。誰が、何を、何のために見せようとするのか、この課題を国立博物館として試行錯誤しながら進めていくことが求められているのである。誰が、何を、何のために見せようとするのかという問い、知識の集積と保存・展示の目線が外部の世界の目線に傾倒してきたことに対する省察は近年、サイード（1993）の議論等に影響を受けて、学術分野および他分野で進められている。ラオスでは、19世紀末から20世紀半ばのフランス領時代に近隣諸国とは異なり、博物館が新しく設立されなかったとはいえ、表象に関わる権力の問題は、フランス領時代はもちろん、今日も大きな課題であると言って過言ではない。外部者による救済中心の後の時代、国際協力におけるキーワードであるオーナーシップやサステナビリティを考えるとき、文化財とは、遺産とは、博物館とは、公共とは、ということをまず、ラオスの目線から問い始めることにより、所有意識の尊重や持続的な博物館の醸成に繋がっていくのではないかと考えられる。

おわりに

　国立等級の博物館の一つであり、博物館学的な博物館としての使命を果たそうとしているワットプー博物館には、様々な課題があるが、上記

では代表的な課題を記した。特定の博物館の事例であるため、ラオス
および東南アジアの諸博物館の様子に重複する箇所もあるかもしれない
が、その現場の脈絡で浮上している課題もあるだろう。今後の教育環境
の整備に対して基礎情報となりうるべく前半部を記し、後半部、とくに
最後には、国際的な協力という観点から、現地の文脈を踏まえることが
持続的な教育へ繋がる道筋だという考えを示した。

註
(1)　学術分野における遺産学の登場や近年のアプローチについては、例え
　　ばハーヴェイ（Harvey 2001）、スミス（Smith 2006）また博物館に関し
　　てはベネット（Bennet 1995）を参照。博物館人類学については、筆者は
　　アメリカ人類学会（American Anthroplogical Association）分科会である
　　博物館人類学委員会（Council for Museum Anthropology）における近年
　　の議論が、博物館とコミュニティとの関係や収蔵品の所有と権利や植民
　　地主義との関係に関する議論を主流としていることを参考にした。
(2)　ルアンパバーン、あるいはルアンプラバンの二表記が散見されるが、
　　ここでは 1975 年以後に普及したルアンパバーン（r に相当するアルファ
　　ベットを除く）を採用。いずれも守護仏である「偉大なパバーン（プラ
　　バン）仏」を基にした地名である。
(3)　2017 年 2 月におけるビエンチャン首都区の情報文化観光省遺産局お
　　よび国立博物館でのインタビューによる。
(4)　当時の世界文化遺産リスト登録作業に参加した情報文化観光省担当官
　　およびユネスコ専門家との 2010 年前後の会話による。
(5)　当時の世界文化遺産リスト登録作業に参加した情報文化観光省担当官、
　　ワットプー博物館職員等との 2010 年前後の会話による。
(6)　ここでは、科学研究費奨励研究「東南アジアにおける無形文化遺産の
　　現状と課題の検証：ラオスを事例として」（課題番号 19H00020）（代表者
　　小田島理絵）における現地調査（2019 年 8 月実施）において、ラオス南
　　部のユネスコ世界文化遺産区域内の低地ラオス人農村でインタビューを
　　行った際、博物館における歴史・文化的収蔵品の管理・保存に関して話
　　題が及んだ際の 2~3 の村長組織（40~60 代の男性および少数の女性に
　　よる組織）による意見を示した。量的・質的両方の観点からしてもラオ
　　ス全体を示す意見とは言えないが、彼らの居住地が世界文化遺産区域内
　　であることから、文化遺産保存・保護およびその活動に関与する博物館

普及キャンペーンに常に接見する地域であることは特記すべきである。

引用・参考文献
【日本語】
小田島理絵　2009「世界遺産を生活の場として暮らす人々の土地と暮らしの記憶―南ラオス・チャムパーサックの事例」『研究報告』第17号、旅の文化研究所、15-29
小田島理絵　2018「ラオス人民民主共和国における博物館」『博物館学雑誌』第43巻第2号、65-92
サイード、エドワード W.・板垣雄三・杉田英明監修・今沢紀子訳　1993『オリエンタリズム』上・下、平凡社
竹原　茂・長谷川善彦　1991「ラオスのヘット・ブン（Het-bun）」『麗澤大学紀要』52巻、159-172
ハーバーマス、ユルゲン・細貝貞雄・山田正行訳　2013『公共性の構造転換：市民社会の一カテゴリーについての探究』第2版、未來社
ベンヤミン、ヴァルター・野村　修訳　2017「複製技術時代の芸術作品」多木浩二『ベンヤミン「複製技術時代の芸術作品」精読』、岩波書店、133-203
【ラオス語】
ປະນີ ເພັງສີພັນລາ, ຈັນທະລີວິລິວົງ, ແລະ ຈັນທະພອນມີໄຊ. ຄວາມເປັນມາຂອງຫໍພິພິທະພັນໃນລາວ. ບົດລາຍງານຈົບຊັ້ນການສຶກສາລະດັບປະລິນຍາຕີສິລະປະສາດ. ອ້າງຈັບ：ຄະນະວິທະຍາສາດສັງຄົມ ມະຫາວິທະຍາໄລແຫ່ງຊາດ, 2013.（パンシーパンラー、パニー、チャンタリー・ウィリウォン、チャンタポーン・ミーサイ編著 2013『ラオスにおける博物館の歴史：芸術学学士課程教育修了報告書』ビエンチャン：ラオス国立大学社会科学部群）
ກະຊວງຖະແຫລງຂ່າວແລະວັດທະນະທຳ. ບາດກ້າວຂະຫຍາຍຕົວຂອງກະຊວງຖະແຫລງຂ່າວແລະວັດທະນະທຳ. ອ້າງຈັບ：ໂຮງພິມຂອງສຳນັກພິມຈຳໜ່າຍປຶ້ມແຫ່ງລັດ, 2008.（情報文化省（現情報文化観光省）2008『情報文化省の歩みと進歩』ビエンチャン：国立政府印刷所）
【英語】
Bennett, Tony. 1995. *The Birth of the Museum: History, Theory, Politics*. New York: Routledge.
Harvey, David C. 2001. Heritage Pasts and Heritage Presents: Temporality, Meaning and the Scope of Heritage Studies, *International Journal of Heritage Studies*, 7(4), 319-338.
Nishimura, Masao. 2004. Representing 'Vat Phou': An Ethnographic Account of

the Nomination Process of Vat Phou and Adjunct Archaeological Sites to the World Heritage List, *Waseda daigaku daigakuin bungakukenkyūka kiyō* (Bulletin of the Graduate Division of Letters, Arts and Sciences of Waseda University). Vol. 49 (3), 49‐63.

Odajima, Rie. 2014. *Politics of Heritage, An Anthropological Study on Governmentality and Intimacy in Laos*. The Doctoral Dissertation Submitted to Waseda University, Tokyo, Japan.

Odajima, Rie. 2020. Theatrical Governmentality and Memories in Champasak, Southern Laos, *Southeast Asian Studies*. Center for Southeast Asian Studies, Kyoto University Vol. 9 (1), 99‐129.

Smith, Laurajane. 2006. *Uses of Heritage*. London and New York: Routledge.

4 カンボジアの博物館と専門人材育成

丸井　雅子

はじめに

　本章では、カンボジアにおける博物館と博物館専門人材養成に関する現状を整理し、日本ではその概要がまだあまり知られていないカンボジアの同分野について広く紹介することを目的とする。

　先に述べておくと、管見する限りにおいては日本と同じような博物館法はカンボジアには存在せず、学芸員資格のような専門人材及びその養成と認定制度も未整備である。しかし、筆者が専門とする考古学及び周辺分野に関しては、カンボジア政府が博物館の設置や運営の推進に力を入れている様子を見聞きすることが多く、加えて大学と行政そして博物館との繋がりが非常に密であるという印象を筆者は抱いている。そこで本章は先ず、カンボジアにおける博物館の状況について行政組織である文化芸術省を中心に概観する。次に、同省の監督下におかれている王立芸術大学の教育体制と科目を見ていく。以上を踏まえ、最後にカンボジアの博物館と博物館専門人材養成についての特徴を提示したい。

　これらをまとめ分析するにあたって、カンボジアの関係機関責任者へのインタビューを実施し、加えて講演録、公文書等を参照した。なお収集した情報や史資料は、考古学関連分野のものが多くなってしまったこと、本文中で言及する組織や関係者の肩書は本稿をまとめた2020年3月時点の状況であること、以上2点を本題に入る前に断わっておきたい。

1　カンボジアにおける博物館の概況

(1) 行政組織

　カンボジアの博物館行政や法的根拠などを理解するため、ここでは先ず日本を例に挙げて対比したい。日本では、社会教育の一環として博物館の設置や運営が施策されている。法的には、博物館法の下で博物館の事業や専門人材である学芸員の資格が定められている。学芸員になるためには、大学や短大で開講されている博物館関連科目の単位を修得する必要があり、こうした学芸員養成課程を開講している大学は 2020 年 4 月 1 日現在 302 大学に上る（文化庁 2020）。行政組織としては、文部科学省とその外局である文化庁、及び各地方の都道府県教育委員会がそれぞれ役割分担している。

　一方カンボジアでは本論冒頭で言及した通り、日本の博物館法のような独立した法令の中で博物館を規定していない。現在、カンボジアには国立博物館が首都プノンペンに 2 つ、その他に州毎の博物館等が整備されつつある。そうした国内の公的な博物館について、どこが行政の責任を担っているかというと、カンボジアの全 28 省庁の一つである文化芸術省（Ministry of Culture and Fine Arts）がそれに相当する。同省が、国家的文化遺産の保護と振興の政策実施責任をもつ行政組織である旨は、現行の文化遺産保護に関する法律（1996 年 1 月 25 日付法律）の条文（第 5 条）中に明示されている[1]。同省官僚による講演でも、文化財保護と将来の世代のためにそれらを保存することが文化芸術省の主要な責務である、という見解も述べられている（Prak Sonnara 2018：27）。この文化芸術省内に、博物館を担当する部局がある（Kong Vireak 2018）。

　文化芸術省の組織を見てみよう（図1）。省内の（総務・財務局を除く）主要な 2 つの局を区分する枠組みの軸は文化遺産で、その在り方が有形かあるいは無形かという点が政策実施の要となっているようである。有形文化遺産局内の組織をさらに見ると、史跡保存・保護課、考古学・先史課、古物課に加えて博物館課が設置されていることがわかる。そして

図1　カンボジア文化芸術省内組織図

①国立博物館における収蔵品管理、②州博物館への技術援助、③国立博物館及び州博物館収蔵品の目録作成とデータベース構築、以上3点がこの博物館課の主要な業務である（前掲書：180）。

（2）行政管轄下の博物館

　本項では、行政管轄下にある博物館や収蔵庫等について、筆者による関係者への聞き取り調査と資料収集、及びコン・ヴィレアック（Kong Vireak）による講演資料（前掲書）記載内容を踏まえながら概観したい。

①文化芸術省直轄の博物館

　首都プノンペンには2つの国立の博物館がある。その一つが、アン

図2 国立博物館（プノンペン都）

図3 トゥール・スレン虐殺博物館
（プノンペン都）

コール期の考古・美術を中心とした館蔵品から成る「国立博物館(National Museum of Cambodia, Phnom Penh)」である（図2）。この国立博物館は、フランス保護領下の20世紀初頭に設置された収蔵庫を起源とし、その後1920年に現在の場所に今も使用されている博物館建物が完成した。当時はアルベール・サロー博物館と称された（丸井2012）。もう一つの国立の博物館は「トゥール・スレン虐殺博物館(Tuol Sleng Genocide Museum)」だ（図3）。1975年4月から1979年1月まで続いたポル・ポト政権が、内部粛清のための政治犯尋問及び収容所として使用した場所を、同政権崩壊後に現代史の証拠を残し伝えていく目的のために、博物館として公開、運営されてきた経緯を持つ[2]（丸井2015）。

　地方については、首都を除く24州全てについて、先ず収蔵庫を、次いで公開のための博物館開設の整備が進んでいる。各州は州内の考古遺跡由来資料や、違法な取引からの押収資料を目録化し保管する義務があり（文化遺産保護法第37条ほか）、近年は発掘調査成果公開の場としても活用されている。こうした発掘調査成果公開と連動した地方の州立博物館の例を幾つか挙げたい。

　バッタンバン州博物館（Provincial Museum of Battambang）は、アンコール期の数多くの彫像に加え、先史時代の考古学的調査成果の展示が目を

惹く。同州にある洞穴遺跡ラーン・スピアン（Laang Spean）は 1960 年代後半から 1970 年代初頭にかけてフランス人考古学者ムーラ夫妻が調査と研究に着手し、ホアビニアン文化期から新石器段階への移行を示す学史上重要な遺跡であると位置づけられてきた。そのラーン・スピアンで、2009 年からカンボジアとフランスの共同調査が再開され、ホアビニアン文化期以前の文化層を確認するなど大きな成果をあげている。この共同調査は文化芸術省が主導し、王立芸術大学考古学部学生も現場実習の一環として参加している。2015 年には博物館が改修され、州内のアンコー

図4　バッタンバン州博物館のラーン・スピアン遺構復元展示（2019 年 10 月撮影）

図5　バンテアイ・ミアンチェイ州博物館
（2019 年 8 月撮影）

ル期遺跡からもたらされた考古資料と共に、同遺跡の研究史や最新の調査成果の説明と遺構復元展示が盛り込まれた（図4）。

　バンテアイ・ミアンチェイ州博物館（Provincial Museum of Banteay Menchey）は 2004 年に開館した。バッタンバン州やバンテアイ・ミアンチェイ州を含むカンボジア西北部には、多くの先史時代遺跡が残る。バンテアイ・ミアンチェイ州でも副葬品を伴う墓地遺跡の存在が以前から知られていたが、いずれも学術調査が入る前に盗掘によって荒らされていた。遺跡

図6 タケオ州のアンコール・ボレイ博物館
（2020年2月撮影）

図7 アンコール保存事務所には複数の収蔵庫
があるが、一般公開はされていない

保存とカンボジアの先史時代解明のため、ソピー村遺跡（Phum Sophy）に文化芸術省とシドニー大学の緊急調査が入ったのは2009年から2010年にかけてのことであった。同遺跡は、紀元後2世紀頃から6世紀半ば頃までの年代幅をもつ墓地遺跡であると結論づけられた。またコック・トレア遺跡（Kok Treas）は、2012年にカンボジア政府によるバイパス道路整備事業中に偶然発見された。文化芸術省による緊急調査の結果、鉄器時代後期の墓地や居住地の痕跡であろうと推察された。2014年には、博物館はこうした調査成果を含む「クメール帝国の祖先たち」という企画展示を開催し、先史時代遺跡の復元遺構や出土土器、アンコール期の石彫などの展示に加え、文化遺産保護の重要性を説いている（Ministry of Culture and Fine Arts 2015、図5）。

　タケオ州のアンコール・ボレイ博物館（Angkor Borei Museum）では、扶南期（紀元後1世紀頃から7世紀前半）の複合都市遺跡と推定されるアンコール・ボレイにて1995年以降断続的に実施された王立芸術大学考古学部とハワイ大学（米国）による共同調査の成果が展示されている。2019年9月に改修工事が完了し、解説や展示資料が充実している（図6）。

　地方都市シアムリアプ（シアムリアプ州）には、もう一つの国立博物館であるアンコール国立博物館（Angkor National Museum）がある。世界遺産ア

ンコール遺跡群を抱えるシ
アムリアプにあるこの博
物館は、2007年に海外の
民間投資を基に準備、運
営されている国立博物館
だ。展示資料の多くは同市
内にあるアンコール保存
事務所(Conservation d'Angkor)
収蔵庫保管の石製、金属
製、木製品で、アンコール
期の資料が多い。同保存事
務所はフランス保護領下
の1908年に設置され、以
来アンコール遺跡群の保存
と整備、研究活動の拠点と
なっている(図7)。

図8　プレア・ノロドム・シハヌーク＝アンコー
ル博物館における文化遺産教育プログラムの様子
(2008年2月撮影)

図9　アンコール・タニ窯跡博物館

②世界遺産に関連する
　博物館

　この他、世界遺産アン
コールの保護、整備、そして開発を担うアプサラ機構(APSARA National
Authority)[3]が運営する3つの博物館がシアムリアプにある。ひとつが
2007年11月に開館したプレア・ノロドム・シハヌーク＝アンコール博
物館(Preah Norodom Sihanouk-Angkor Museum)で、アプサラ機構と上智大学
が共同で実施したバンテアイ・クデイ発掘調査出土資料をコレクション
の中心とする考古博物館だ。日本の公益財団法人(イオン1%クラブ)か
らの支援により建設された(図8)。同博物館は広くアンコール地域にお
ける考古学調査出土資料の収蔵と展示も大きな目的として掲げ、西バ
ライ内の先史時代遺跡として知られるコッ・ター・メアス遺跡(Koh Ta
Meas)の遺構も復元展示されている。ふたつ目が、アンコール遺跡群北

東に位置するタニ村にあるアンコール・タニ窯跡博物館だ。1996 年から 2001 年にかけて、カンボジアでは初となる窯跡遺跡の調査が、アプサラ機構、奈良文化財研究所、そして上智大学による共同で実施された。窯跡遺跡のある現地の村落内に設けられたこの博物館は、日本外務省から資金援助を得て 2009 年に建設され、館内には窯の復元模型などが展示されている（図9）。以上 2

図 10　エコ・グローバル博物館（プレア・ヴィヒア州）では、地域の人々の衣食住が理解できる生活用品が展示されている（2015 年 8 月撮影）

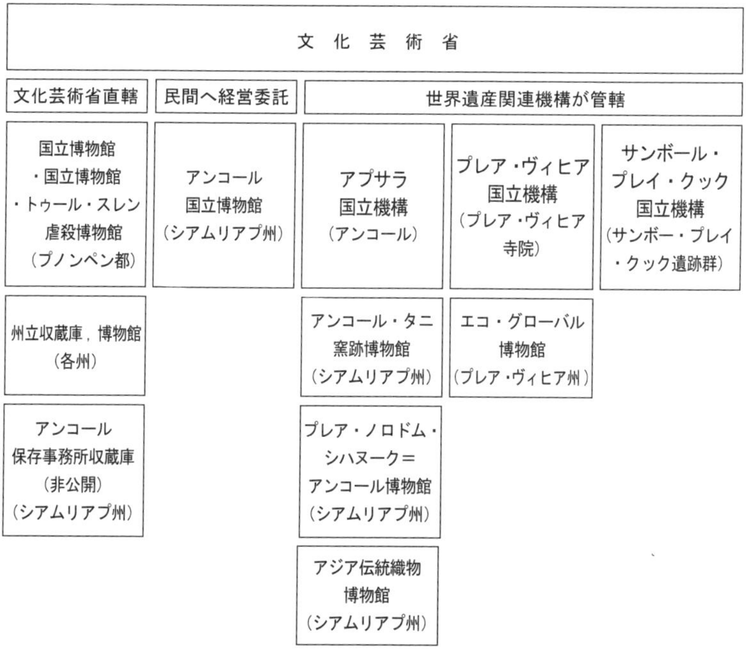

文　化　芸　術　省				
文化芸術省直轄	民間へ経営委託	世界遺産関連機構が管轄		
国立博物館 ・国立博物館 ・トゥール・スレン 虐殺博物館 （プノンペン都）	アンコール 国立博物館 （シアムリアプ州）	アプサラ 国立機構 （アンコール）	プレア・ヴィヒア 国立機構 （プレア・ヴィヒア 寺院）	サンボール・ プレイ・クック 国立機構 （サンボー・プレイ ・クック遺跡群）
州立収蔵庫，博物館 （各州）		アンコール・タニ 窯跡博物館 （シアムリアプ州）	エコ・グローバル 博物館 （プレア・ヴィヒア州）	
アンコール 保存事務所収蔵庫 （非公開） （シアムリアプ州）		プレア・ノロドム・ シハヌーク＝ アンコール博物館 （シアムリアプ州）		
		アジア伝統織物 博物館 （シアムリアプ州）		

図 11　文化芸術省傘下の博物館（2020 年 3 月時点）

館は、考古学調査の研究成果を直接的な開館の契機とするものである。もうひとつが2014年4月に正式開館したアジア伝統織物博物館（MGC Asian Traditional Textiles Museum）⁽⁴⁾だ。さらに世界遺産プレア・ヴィヒアに近接して設置されたエコ・グローバル博物館（Eco-Global Museum）では、プレア・ヴィヒア遺跡由来資料の他、当該地域の民俗、文化や自然環境に関する展示を鑑賞することが出来る（図10）。この博物館はプレア・ヴィヒア機構（Preah Vihear National Authority）が運営している⁽⁵⁾。カンボジアには、2017年に世界遺産として登録されたサンボール・プレイ・クック遺跡がある。コンポン・トム州博物館には同遺跡由来資料などが展示されており、今後のさらなる整備と拡充が計画されているという。

　以上をまとめると、カンボジア国内の行政が管轄する博物館は運営上、文化芸術省直轄の博物館、そして国内の世界遺産の保護と整備のために設立された機構が運営する博物館の2つに分類することができるが、大枠は文化芸術省の博物館政策のもとで総括されていると言ってよいだろう（図11）。そして、これらの博物館に専門職として従事する館員の多くが王立芸術大学考古学部出身者である。では、王立芸術大学考古学部は、どのような博物館専門職員養成のための教育に取り組んできたのか。次の項目で、王立芸術大学を見ていく。

2　王立芸術大学考古学部

（1）王立芸術大学

　1965年、考古、建築及び都市計画、デザイン、絵画、そして彫刻の5つの学部から構成された王立芸術大学が、国立博物館と敷地を接して開学した。大学は正規科目の他に中等教育課程の生徒を対象

図12　王立芸術大学考古学部棟

表1　王立芸術大学考古学部開講科目（2019 年～ 2020 年）

（王立芸術大学考古学部提供資料を筆者が日本語訳及び一部補足）

学年	区分	科目名	単位	時間数
1年次基礎学年	全学共通	フランス語Ⅰ	3	48
		フランス語Ⅱ	3	48
		コンピューター	3	48
		調査方法論	1.5	24
		クメール美術史Ⅰ	2	32
		人類学入門	1.5	24
		東南アジア史	3	48
		地理学	1.5	24
		絵画（実技）Ⅰ	1	32
	専攻科目（基礎）	クメール史Ⅰ	3	48
		クメール文明	1.5	24
		考古学入門	3	48
		クメール碑文	3	48
		クメール人類学	3	48
2年次	概論	アンコール史、美術史Ⅰ	2	32
		アンコール史、美術史Ⅱ	2	32
		古クメール語碑文Ⅰ	2	32
		古クメール語碑文Ⅱ	2	32
		発掘調査方法論	1	32
		クメール民族学（通過儀礼）Ⅰ	2	32
		クメール民族学（通過儀礼）Ⅱ	2	32
		考古学理論Ⅰ	2	32
	各論	土器・陶器修復実習Ⅰ	1.5	48
		土器・陶器修復実習Ⅱ	1.5	48
		インド美術史Ⅰ	2	32
		インド美術史Ⅱ	2	32
		東南アジア美術史Ⅰ	2	32
		東南アジア美術史Ⅱ	2	32
		古代の陶器Ⅰ	2	32
		古代の陶器Ⅱ	2	32
		サンスクリットⅠ	1	32
		サンスクリットⅡ	1	32
		パーリⅠ	1	32
		パーリⅡ	1	32
		世界の先史Ⅰ	2	32
		世界の先史Ⅱ	2	32
		第四期地質学	2	32
	語学	考古学のための英語	1	32
	語学（選択）	フランス語Ⅲ*	1	32
		フランス語Ⅳ*	1	32
3年次	概論	カンボジア先史Ⅰ	2	32
		カンボジア先史Ⅱ	2	32
		クメール・アンコール文明Ⅰ	2	32
		クメール・アンコール文明Ⅱ	2	32
		後アンコール史、美術史Ⅰ	2	32
		後アンコール史、美術史Ⅱ	2	32
		古クメール語碑文Ⅲ	2	32
		古クメール語碑文Ⅳ	2	32
		クメールの図像と神話Ⅰ	1	32
		クメールの図像と神話Ⅱ	1	32
		石製品修復実習Ⅰ	1.5	48
		石製品修復実習Ⅱ	1.5	48
		美術史Ⅰ	2	32
		美術史Ⅱ	2	32
	各論	東南アジア美術史Ⅲ	2	32
		東南アジア美術史Ⅳ	2	32
		アフリカ‐ヨーロッパ先史	2	32
		遺産マネージメント	2	32
		クメール陶器	2	32
		論文執筆方法論	1	32
		人類学的理論と文化遺産	1	32
		経済人類学	2	32
	語学（選択）	フランス語Ⅲ*	1	32
		フランス語Ⅳ*	1	32
4年次	概論	古クメール語碑文Ⅴ	2	32
		文化人類学	2	32
	各論	博物館学	1	32
		地質学	2	32
		クメール伝統儀礼	1	32
		プロジェクト・マネージメント	1	32
		文化遺産建造物の保存	1	32
		金属製品修復実習	1.5	48
		地図作成基礎	1	32
		ガイド	1	32
		遺産ガイド	1	32
		クメール現代史	1	32
	語学（選択）	フランス語Ⅴ*	1	32
	必修	卒業論文	12	
		合計	143.5	

*フランス語Ⅲ、Ⅳ、Ⅴは選択科目。ⅢとⅣは2年次もしくは3年次のいずれかで選択する。

に舞踊、芸術、そして音楽に関する科目も提供し、カンボジアにおける文化や芸術分野の中心的な教育機関としての役割を果たしてきた。ポル・ポト政権下の 1975 年から 1979 年には、教育や文化・芸術活動が一切否定され芸術大学も閉鎖せざるをえなかったが、1980 年に先ず舞踊や演劇を教える芸術学校と音楽を教える音楽学校が再開した。次いで 1988 年に考古学部、建築及び都市計画学部も再開し、再編の結果、芸術、音楽、そして舞踊も合わせた 5 学部が成立して現在に至る（図12）(Royal University of Fine Arts 2007)。

　本論冒頭で述べたように、カンボジアには現時点で、法の下に博物館制度が厳密には定められておらず、そこで働く専門的職員である学芸員の立場も国家資格として確立していない。しかし博物館に従事する専門職の多くが王立芸術大学考古学部の卒業生である。例えば、2019 年末時点で、プノンペンの国立博物館館長、及び同館（全職員約 120 名のうち）専門職員 20 名は同大考古学部出身である[6]。考古学とはおそらく全く関係の無い異分野であるトゥール・スレン虐殺博物館に関しても職員の専門分野においては大差ない。こうした採用状況は、文化芸術省が定めている王立芸術大学卒業生を対象とした一定の採用枠が関係していると推察できる。その他、王立芸術大学学生が学生時代から正規科目を通じて、あるいは課外活動として文化芸術省職員や様々な事業に何等かの関わり合いを持っていることも、両者を非常に近く結びつけていると言える。

(2) 考古学部カリキュラム

　次に具体的なカリキュラムを、2019 年〜2020 年にかけての考古学部の履修と開講科目から検討したい。卒業に必要な単位は 143.5 単位で、前期（10 月〜1 月）と後期（3 月〜7 月）の 2 期制を採用している。1 年目は基礎学年として位置づけられ、王立芸術大学全学 1 年生が共通科目を受講し、2 年目からは各学部独自の専門科目が準備されている。考古学部の履修形態は現状では個別選択科目を持たず、学生は 4 年生まで指定された科目を学年毎に受講する。各学年 1 クラスだ。因みに 2019〜

2020 年生（2019 年 10 月～-2020 年 7 月）の在籍学生数は 1 年生 23 名、2 年生 13 名、3 年生 12 名、4 年生 6 名である。開講科目は表 1 に示す通りで、概論科目と各論科目とに分類され、その他に語学や実習が配置されていることがわかる。

（3）博物館関連科目

　それでは博物館に関係する科目はどのように配置されているだろうか。科目名のみから判断すると 4 年生を対象とした「博物館学」（国立博物館館長が担当）以外は、所謂日本の学芸員養成課程の必修科目に相当するもの（例：生涯学習概論、博物館教育論等）は見当たらない。しかし一方で、同課程選択科目に配当可能な文化史、美術史、考古学などの科目は種類が多く、逆に自然科学系の科目の不足が指摘できる。

　考古学部への聞き取り調査では、幾つかの文化財保存修復に関連する実習科目（2 年次の土器・陶器修復実習、3 年次の石製品修復実習、4 年次の金属製品修復実習）が国立博物館の保存修復室で実施され、同館専門職員が指導していることがわかった。こうした実習終了後に、引き続き補助作業に従事する学生もいるという。通常の講義科目も内容に応じて博物館の展示資料を閲覧しながら実施することもある。正規科目ではないが、学生が文化芸術省や外国の組織が実施する野外調査や発掘調査実習等への参加を通じて、発掘調査を体験し訓練を積むことも可能である。学生は、プノンペンの国立博物館、あるいは調査地の地元博物館で、出土資料の整理作業や調査成果の展示作業を手伝うこともある。

　文化芸術省の強い指導力の下にある博物館と王立芸術大学は、行政上の緊密性があるのは当然だが、博物館従事者の多くが、そして芸術大学考古学部教員も多くが考古学部出身であることが、博物館と同学部が協働して多くの事業に取り組み、加えて人材交流を盛んにしている大きな要因であると、筆者は考える。それは学生への教育にも発展的な影響を与えている。確かに王立芸術大学には学芸員養成課程制度は無く、制度に則った「博物館〇〇概論」という科目群も無い。しかし考古学部学生

にとって、博物館や博物館で働く専門職員とその職種は常に身近な存在
で、先輩でもある専門職員あるいは教員と接することで自分たちの将来
像を描きながら専門知識や技能を深め修得することが可能な学びの環境
が整えられている。

（4）考古学部の教育方針からみる博物館の役割

　王立芸術大学考古学部が、教育の中で博物館をどのように位置づけて
いるのかをあらためて確認したい。考古学部が掲げる専門分野と学生が修
得する能力の8項目の5番目に、博物館について次のような言及がある。
　　「文化財修復保存分野：博物館学、遺跡保存、石製品の修復保存、
　　金属製品の修復保存、遺産管理方法論、の<u>理解と実践的に役立てる</u>
　　<u>能力</u>」（王立芸術大学 2019）（下線部は筆者補足）
　これについて、国立博物館館長で自身も考古学部出身のコン・ヴィレ
アックは「カンボジアの博物館は、フランス植民地期に開始されたアン
コールの研究と遺跡や文化財の修復保存活動の延長線上に、考古・美術
資料を盗掘や不法売買から保護し適切に保管するために設立された歴史
的経緯がある。こうした博物館の役割は、内戦を経験したことで尚一層
強まり、今も変わっていないと言える。」と説明した。このような博物
館の位置づけは文化芸術省の理念であり、これが指針となって芸術大学
考古学部の教育方針にも反映されていると推察できる。この理念におい
ては、元来カンボジアの博物館は、現代日本のような社会教育や生涯学
習といった分野と隣接した位置にある博物館とは、異なる役割を担うこ
とが政策的に期待されている。
　カンボジアの各博物館が教育や文化普及をおざなりにしているわけで
はない。専門教育という点においては、既に述べたように王立芸術大学考
古学部と緊密な連携が築かれている。市民教育という点においては、小
学校や中学校の生徒を対象とした博物館見学会の実施や、博物館館員に
よる学校出張授業などにも取り組んでいる。また学生の中には、学外の発
掘実習等に参加した際に現地説明会や文化遺産教育に実践的に関わり（丸

井 2010)、卒業後の実務にその体験を活かしている人もいると聞いている。

おわりに

　カンボジアの博物館とその専門人材養成は、制度上は未整備な部分が多いと判断できるかもしれない。多くの専門職員は、博物館で働きながら実務を理解し、技術を磨いていくのが現実である。もし高等教育に学芸員養成課程が設置されるならば、もっと高度な且つ効果的な人材養成が可能になるであろう。しかしカンボジアの実情を丁寧に見ていくと、カンボジアの地域の事情に即した人材養成の特徴が見えてきた。それは、文化芸術省という一つの行政組織が一括して博物館と大学を管轄しているがゆえに、挑戦できる方法なのかもしれない。即ち、博物館と王立芸術大学考古学部が密に協働していることが、自然と専門人材養成に繋がっているという点である。学生が、博物館業務の一端を「実習」や「手伝い」という立場で担うことについては、良い点もあれば問題もあるかもしれない。少なくとも、博物館の専門職員数が仕事量に比してまだ十分ではない現状においては、学生は貴重な人材であり彼らの能力と実践的活動が、博物館やカンボジアの文化財行政の進展に貢献していることは確かである。

＊

　本稿は、上智大学 2019 年度教員在学特別研修制度、及び京都大学東南アジア地域研究研究所共同利用・共同研究拠点「東南アジア研究の国際共同研究拠点」令和 1 年度（課題「世界遺産アンコールをめぐるグローバル規範再考：地域情報学による在来知の発掘」）の一環として実施した調査に基づく。インタビュー及び資料提供にご協力を賜ったカンボジア文化芸術省、国立博物館、そして王立芸術大学の次にお名前を挙げる関係各位、プラック・ソナラ（Prak Sonnara）文化芸術省遺産局長、コン・ヴィレアック（Kong Vireak）国立博物館長、ヘン・ソパディ（Heng Sophady）王立芸術大学長、そしてプリアップ・チャンマラ（Preap Chanmara）同大考古学部教員、へ心からの御礼を申しあげる。

註

(1) 国家的文化遺産の保護に関する法律（1996 年 1 月 25 日付法律）は、Ang ほか 1998、酒井ほか 1997、UNESCO Database を参照した。この 1996 年付文化遺産保護に関する法律は、アンコール遺跡が世界遺産に登録されたことを契機として制定された国内法であり、現在、現状に即した改訂作業が進んでいる、という。カンボジアの文化財保護法については、酒井の研究に詳しい（酒井 1992・2001）。

(2) トゥール・スレン虐殺博物館初期の経緯については、レジャーウッド（Ledgerwood）の研究に詳述されている。この収容所が正式に博物館として一般に開館したのは 1980 年 7 月 13 日だが、ポル・ポト政権崩壊直後の 1979 年 3 月には、当時の政権と友好関係にあった社会主義陣営諸国に向けて公開されていた。正式開館後は、政府によって博物館見学が重要な大衆教育の一環と位置づけられ、多くのカンボジア人が団体で訪れた。見学を通じて、ポル・ポト政権期に何が起こったのかを理解するための大衆教育であった。同時にカンボジア人見学者の多くは、展示されていた膨大な数の収容者顔写真の中から行方不明の親類、知人を探すことが目的であったという（Ledgerwood 1997：90）。

(3) アンコールは 1992 年に世界遺産に登録された。1995 年にアプサラ機構が設立されるまでは、アンコール保存事務所がアンコール遺跡群を管理していた。当初アプサラ機構は各省から独立性を保ちつつ閣僚評議会内に置かれ、首相を議長とする運営委員会（各国務大臣を構成メンバーとする）と緊密な共同、協力関係を持ちながら事業に責任を担ってきた（酒井 2001、丸井 2018）。2017 年からは体制が変わり、アプサラ機構は閣僚評議会を出て文化芸術省内に組み込まれ、文化芸術大臣が総裁（President）を兼任している。

(4) The Mekong-Ganga Cooperation（MGC）

(5) プレア・ヴィヒア寺院は 2008 年に世界遺産に登録された。これに伴いプレア・ヴィヒア機構が設立された。アプサラ機構と同じく文化芸術省の一機構である。

(6) 筆者は、2019 年 9 月及び 2020 年 1 月に数次にわたってコン・ヴィレアック館長へインタビューを実施した。

引用・参考文献
【日本語】
酒井　幸　1992 「カンボジアにおける文化財保護の現状と問題点―「条例 21 号」の改正と新たなシステム作りのために」『カンボジアの文化復

興』6、上智大学アジア文化研究所、73-85

酒井　幸　2001「アンコール遺跡をどう守るか―カンボジア文化財保護の
　　しくみづくり―」坪井善明編『アンコール遺跡と社会文化発展（アン
　　コール・ワットの解明4)』連合出版、197-227

酒井　幸、遠藤宣雄　1997「カンボジアの文化財保護法（仮訳)」『カンボ
　　ジアの文化復興』14、上智大学アジア文化研究所、63-73

文化庁　2020「学芸員養成課程開講大学一覧（令和2年4月1日現在)」ht
　　tps://www.bunka.go.jp/seisaku/bijutsukan_hakubutsukan/shinko/abo
　　ut/daigaku/（最終閲覧日 2020 年 4 月 13 日)

丸井雅子　2010「地域と共に生きる文化遺産―バンテアイ・クデイ現地説
　　明会の10年―」石澤良昭、丸井雅子共編『グローバル／ローカル文化
　　遺産』上智大学出版、161-179

丸井雅子　2012「コラム22 国立博物館」上田広美・岡田知子編著『カンボ
　　ジアを知るための62章［第2版］』明石書店、286-289

丸井雅子　2015「カンボジアの戦争遺跡とその活用」『季刊考古学・別冊
　　23 アジアの戦争遺跡と活用』23号、雄山閣、132-136

丸井雅子　2018「世界遺産アンコールの25年―上智大学による文化遺産
　　国際協力と人材養成―」『カンボジアの文化復興』30、上智大学アジア
　　人材養成研究センター、185-200

【カンボジア語】

សាកលវិទ្យាល័យភូមិន្ទវិចិត្រសិល្បៈ: 2019 មហាវិទ្យាល័យបុរាណវិទ្យាការបរិ
　　ចែកផ្នែកទាស（王立芸術大学 2019「考古学部専門分野とディプロマポリ
　　シーについて」http://rufa.edu.kh/Kh_Faculty%20of%20Archaeology/
　　kh_archaeo_subject.html（最終閲覧日 2020 年 8 月 14 日)

【英語】

Ang Choulean, Eric Prenowitz, Ashley Thompson, Vann Molyvann. 1998. Angkor:
　　past, present, and future UNESCO（筆者が参照したのは同書カンボジア語版)

Kong Vireak. 2018. "Cultural Properties and Museum International Workshop:
　　Cambodian Perspective on Managing Cultural Properties and Museums," Report
　　on "Activities for Exchange in International Cooperation for the Inheritance of
　　Cultural Properties and the New Role of Museums withing ASEAN 10 Countries,"
　　Sophia Asia Center for Research and Human Development and The Agency for
　　Cultural Affairs in Japan; 177-184.

Ledgerwood, Judy. 1997. The Cambodian Tuol Sleng Museum of Genocidal Crimes:
　　National Narrative, *Museum Anthropology*, vol.21, no.1; 82-98.

Ministry of Culture and Fine Arts 2015 Exhibition Ancestors of the Khmer Empire,

Provincial Museum of Banteay Meanchey

Prak Sonnara. 2018. "On the Occasion of the International Workshop "ASEAN 2017: Cultural Properties and Museum International Workshop," Report on "Activities for Exchange in International Cooperation for the Inheritance of Cultural Properties and the New Role of Museums withing ASEAN 10 Countries," Sophia Asia Center for Research and Human Development and The Agency for Cultural Affairs in Japan; 27 - 30.

Royal University of Fine Arts 2007 Royal University of Fine Arts Academic catalogue for Undergraduates

UNESCO Database of National Cultural Heritage Laws, UNESCO/CLT/Natlaws, Cambodia https://whc.unesco.org/en/statesparties/kh/laws/（最終閲覧日 2020 年 8 月 14 日）

5 タイの博物館と学芸員

―国立博物館の学芸員制度と大学における人材育成―

白石　華子

はじめに

　タイで最初の博物館の誕生からおよそ 150 年、いまや国内には 1500 を超える博物館があると言われており、その数は東南アジア諸国のなかでも圧倒的である。歴史や民俗、科学技術、医学、軍事など、さまざまな分野の博物館が各地に設立され、また近年では現代アートを中心とする美術館の発展も著しい。多様な博物館の広がりは、2004 年のタイ博物館協会（samakhom phiphitthaphan thai）の立ち上げにも繋がった。そこでは国内の博物館が分野や運営機関、あるいは地域を超えて連携することでよりよい博物館運営や市民への普及に繋げようと、博物館ネットワークの構築や共同事業が推進されている。また 2017 年には優れた博物館を表彰する「タイ博物館賞（Museum Thailand Awards）」が設立されるなど、タイにおける博物館の活動の広がり、そして博物館に対する社会の関心の高まりは注目に値する。

　しかしここで取り上げるのはそうした博物館そのものではなく、そこで働くいわゆる学芸員、タイでは「パンターラック（phantharak）」と呼ばれる人々である。館の運営や資料の管理の中核を担う学芸員はまさに博物館の要であり、博物館を理解するうえで決して看過できない存在である。ただ、これまでその社会的地位や教育・学術的バックグラウンドについて議論されることはほとんどなく、タイの学芸員の実態は不明なままであった。またタイでは学芸員の資格制度がなく、博物館における人員の配置についての法的な規定もないことから、必ずしもすべての博

物館に学芸員がいるわけではない。むしろ学芸員がいるのはごく一部の博物館に限定される。

　その限られた博物館の一つに、国立博物館がある。タイでは全国に43館もの国立博物館があり、そこではおよそ90名の学芸員が働いている。彼らはどのような制度のもとで、どのような業務をおこなっているのだろうか。これを明らかにすることが、本章の一つ目の課題である。そして二つ目の課題は、そうした学芸員を養成する、大学における博物館学教育の実態を明らかにすることである。本章では特に、国立博物館にもっとも多くの人材を輩出している国立シンラパコーン大学考古学部に注目し、そこでおこなわれている考古学教育と博物館学教育について概説する。それら二つの課題、すなわち国立博物館における学芸員制度とシンラパコーン大学における学芸員養成を知ることは、タイの学芸員、そして博物館の現在を知る一つの手掛かりともなるはずである。

図1　タイの位置（出典：著者作成）

1　タイの博物館

　タイはインドシナ半島とマレー半島にまたがる地域に位置し、ラオスやカンボジア、マレーシア、ミャンマーと国境を接する東南アジア大陸部の国である（図1）。

　以下ではまず、タイの博物館について基本的な情報を整理しておきたい。

（1）博物館のはじまり

　タイにおける博物館の歴史は1850年代に遡り、当時の国王ラーマ4世（在位：1851～68年）がプラパート・ピピッタパン（phraphat ph iphitthaphan）宮殿⁽¹⁾という名の部屋を作って美術品や骨董品を展示したことに起源をもつとされている（Paiboonwangchroen et al. eds. 2011：87）。しかしこれはあくまでも国王の私的な「博物館」であり、西洋からの賓客を招待することはあっても、広く一般に公開されるものではなかった。そのためタイ芸術局では、その後1874年にラーマ5世（在位：1868年〜1910年）が王宮内のコーンコーディア（コンコルディア）会館に設置した「ミウシアム（miwsiam／英語のmuseum）」を、公共性をもつ近代的な博物館のはじまりと位置付けている（Paiboonwangchroen et al. eds. 2011：87）⁽²⁾。ちなみにタイでは1997年に9月19日が「タイ博物館の日（wan phiphitthaphan thai）」に定められ、毎年各地の博物館で無料開放や特別イベントがおこなわれているが、これはミウシアムの開館日（1874年9月19日）に由来するものである。

　ミウシアムは1887年に副王宮宮殿に移転し、副王宮博物館、バンコク博物館への再編を経て立憲革命後の1934年にバンコク国立博物館として新たに開館して、今日に至っている。

（2）博物館の現在

　タイではその後、全国各地に国立博物館が設立された。また1990年代以降には急速な経済成長や民主化の進展、観光産業の勃興などを背景に、公立・私立を問わずさまざまな博物館が建設ラッシュを迎えた。

　タイでは日本のように博物館の数が行政的に把握されているわけではないため、現在国内にある博物館の正確な数を知る術はない。しかし文化省芸術局所管の独立行政法人であるシリントーン人類学研究センター（SAC）が独自に博物館データベースを作成しており、現状ではそれがもっとも網羅的かつ信頼できるリソースとなっている。そのため以下では、SACのウェブサイトで公開されているデータベース（https://db.sac.or.th/museum/）を参考にしながらタイの博物館の現状を把握したい。なおデータベース上の博物館には美術館も含まれるが、動・植物園や水族館といったいわゆる生態園についてはごく一部の掲載にとどまっている。

表1 タイの博物館の種類
(出典:SACデータベースより著者作成)

館　種	数
芸術・芸能	71
織物	60
軍事・戦争	64
医学・公衆衛生	35
森林僧	23
民族	137
歴史	193
建築保存	55
焼き物	39
自然科学	106
通信・郵便	10
伝統家屋	84
通貨・銀行	13
考古学	101
人物記念	133
法律・刑罰	9
科学技術	21
寺院	226
その他	104
生活様式・民衆の知恵	610
計	2094

表2 タイの博物館の管理者
(出典:SACデータベースより著者作成)

管理者	数
国家機関(芸術局を除く)	243
芸術局	43
教育機関	332
民間企業	64
財団・NGO	53
コミュニティ	108
地方自治体	150
寺院	411
個人	175
計	1579

2020年12月15日時点でデータベースに掲載されている博物館は計1,579館に及ぶ。地域別にみると、首都のバンコクが254館と圧倒的で、以下はチェンマイ県(120館)、ナコーンパトム県(56館)、ナコーンラーチャシーマー県(35館)、アユッタヤー県(34館)と、地方中核都市や遺跡などの歴史的遺産の多い地域が続く。他方でアムナートチャルーン県やブンカーン県ではそれぞれ1館のみとなっており、地域間の格差は顕著である。

SACのデータベースでは館種が細かく分類されており(表1)、タイの博物館の多様性が見て取れる。もっとも多いのは「生活様式・地域の知恵」であるが、これは主に1980年代後半以降に各地の農村で地域の寺院や住民が主体となった「コミュニティ博物館(phiphitthaphan chumchon)」と呼ばれる小規模な博物館の建設が流行したことを反映していると考えられる。数こそ多いものの、実態としては博物館というより単なる倉庫と化したものも少なくないという点は留意しなければならない。管理者については表2のとおり寺院や教育機関の数の多さが目立つが、これらが運営する博物館についても同様に、実際に博物館として機能している館の数は不明である。

そこで博物館マネジメントに詳しいプラパットソーン・ポースリトーン氏は、実際

の館の性質や規模に即して博物館を①文化省芸術局が運営する国立博物館、②その他の国家機関が運営する博物館、③寺院や地域住民が運営するローカルな博物館の3つに分類している（Posrithong 2013）。

　①の文化省芸術局が運営する国立博物館は、古美術品や遺跡からの出土品など、主に考古学・歴史学・美術史学分野の資料を収蔵・展示している。1934年のバンコク国立博物館の開館以降、1960年代から90年代にかけて全国各地に国立博物館が設置され、現在その数は43館に及ぶ。冒頭で述べたタイ博物館協会の本部はバンコク国立博物館内に設置されており、またその要職には国立博物館職員が多く名を連ねているように、国立博物館はタイの博物館業界の中心的な存在であると言える。

　②の芸術局以外の国家機関が運営する博物館には、例えばバンコクのミュージアム・サヤーム（Museum Siam）やパトゥムターニー県の国立科学博物館などがある。前者は首相府知識管理開発事務所所管の国立発見博物館機構が、後者は科学技術省所管の国立科学博物館機構が運営している。省庁などが各自の専門分野に特化した資料収集や教育普及をおこなうために設置している博物館で、2000年代以降に作られた比較的新しいものも多い。なかでもミュージアム・サヤームは革新的な展示企画・手法が注目されており、また学芸員や学生向けのワークショップの開催、出版物の刊行などにも積極的で、近年では国立博物館にも劣らない存在感を放っている。

　③の寺院や地域住民が運営するローカルな博物館とは、先述のコミュニティ博物館と言い換えて差し支えないだろう。その展示品は古くから寺院で保管されてきた地域に伝わる儀礼用具や骨董品、あるいは家庭で使われなくなった民具や工芸品が中心で、地方の伝統文化の保存・継承の場ともなっている。1990年代後半以降のコミュニティ開発政策や、観光産業の伸長などの影響を受けて数を増やし続けているが、ほとんどは僧侶や住民の自主的な活動に支えられた博物館であり、管理体制などの面で課題も多い。

(3) 博物館に関する法制度

博物館の設立や運営に関する規定は少ない[3]。博物館の設立にあたって申請や届け出は必要とされておらず、誰もが容易に博物館を作ることができることが、博物館の増加の要因の一つと言っても過言ではないだろう。ただし一つの例外として、「遺跡、古物、美術品および国立博物館に関する法律」で取り扱いに制限がかけられている古物（遺跡からの出土品をはじめとする考古・歴史学的資料）や美術品を収蔵・展示する博物館の場合に限っては、同法第19条および第19条2項に従って文化省芸術局の許可が必要となる。これに違反した場合、同法第37条および第37条2項に従って懲役または罰金刑、あるいはその両方に処される。

学芸員の配置に関する規定は存在せず、大規模な博物館を除けば学芸員がいないことも決して珍しくない。また学芸員という役職が置かれていたとしても、必ずしも専門的な教育を受けた人材が確保されているとは限らない。そもそもタイには学芸員の資格制度がなく、後述のとおり大学における博物館学教育も限定的である。

2　国立博物館

ここからは国立博物館の学芸員に焦点を絞り、その制度や業務内容、そしてそれらを取り巻く課題についてみていこう。

(1) 芸術局と国立博物館

その前提として、芸術局、そして国立博物館という組織の役割について説明を加えておきたい。芸術局はラーマ6世（在位：1929年〜25年）治世下の1911年に組織され、2002年の大幅な行政改革を機に、宗教局、文化振興局、現代芸術文化局とともに新設の文化省に編入されて現在に至っている。その使命として、国家の芸術と遺産の保護や保存、維持、復元、促進、普及、研究、発展、継承によるタイ国家の尊厳とアイデンティティーの維持を掲げており、具体的には伝統芸能の保存・継承、建築や遺跡の調査研究・保存活用、国立博物館や国立公文書館、国立図書

館の管理・運営といった事業を主としている（Paiboonwangchroen et al. eds. 2011）。

国立博物館は、「タイらしさ」の源泉たるモノを収集・展示し、国民の「タイ・アイデンティティー」を喚起する場として、バンコク国立博物館を筆頭に全国に43館が設置されており（Charoenpot ed. 2008：6-8）、30万点を超える資料

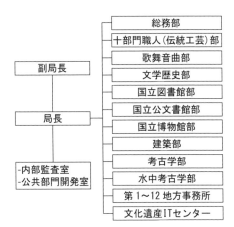

図2　芸術局の組織構成（白石2021：60）

が収蔵されている。近現代の美術作品を中心とするバンコク国立美術館や、特定の分野に特化した王室御座船国立博物館、王室象国立博物館といった一部の例外を除けば、ほとんどの国立博物館の収蔵資料は王室や寺院に伝わる美術工芸品、土器や仏像といった遺跡からの出土品を中心に構成されている。国立博物館は現在、図2にある国立博物館部と地方事務所のもとで管理されている。2006年以前には国立博物館事務所と呼ばれる部署がすべての国立博物館を管理していたが、地方分権化のための組織再編により、バンコク国立博物館とバンコク国立美術館、カーンチャナーピセーク国立博物館、王室御座船国立博物館、王室象国立博物館、シン・ピーラシー記念国立博物館の6館はバンコクの国立博物館部が、それ以外の37館については第1〜12地方事務所が管理することになった。地方事務所とは、各管轄地域に所在する国立博物館と国立公文書館、国立図書館、歴史公園の管理、そして遺跡の調査研究や保存修復を主な業務とする芸術局の出先機関である。タイではいわゆる考古行政、例えば開発工事に伴う遺跡の緊急発掘調査や遺跡の歴史公園としての整備などに関するほとんどの権限を芸術局が有し、その実務を地方事務所が担っている（白石2021：59）[4]。そうした調査で出土した遺物は近

隣の国立博物館で保管されて調査研究や保存処置が進められることが一般的であり、つまり国立博物館は考古行政の一つの拠点としても機能していると言える。

(2) 国立博物館の学芸員

　各国立博物館には規模に応じて1〜3名の学芸員が配置されており、その総数はおよそ90名となる。国立博物館学芸員となるためには、芸術局の採用試験に合格する必要がある。採用試験はいずれかの国立博物館で欠員が生じた場合、もしくは国立博物館が新設された場合にのみ実施されるため、必ずしも毎年新規の採用があるとは限らない。ほとんどの募集では応募要件として、「大学で考古学や歴史学、美術史学あるいはその関連分野を学び、学士以上の学位を取得していること」が求められる。一方で博物館学の履修は要件とはなっていない。採用試験の具体的な内容は明らかでないが、市販されている非公式の試験対策本から筆記試験のおおよその出題範囲を知ることができる。例えば、国家行政組織法や公務員法といった主要な行政法や政治・経済一般に関する知識、芸術局や博物館学芸員の役割や業務内容あるいは「遺跡、古物、美術品および国立博物館に関する法律」に関する知識、そして考古学や歴史学、美術史学に関する学術的な知識である。一般教養に加えて、博物館学分野と専門分野からの幅広い知識が問われると言えるだろう。筆記試験のあとには面接試験も実施される。また数は多くないものの、学芸員以外で採用された芸術局職員が学芸員となることもある。考古学部や水中考古学部、地方事務所には「考古学者 (nak borannakhadi)」と呼ばれる専門職員がおり[5]、彼らが国立博物館の学芸員を兼務する、あるいは国立博物館に異動となって学芸員になるケースである。逆に学芸員が地方事務所などに異動して考古学者となることもある。

　国立博物館の専門職員は基本的に学芸員のみである。そのため資料の収集や整理、保存、展示企画、調査研究といった基本的な学芸業務はもちろんのこと、博物館そのものの運営や教育普及活動、ボランティアの

育成、多言語化対応、ときには本来専門家がおこなうべき保存修復まで、幅広い業務をこなさなければならない（Incherdchai 2016：63）。多くの学芸員は、考古学や歴史学、美術史学の専門家であっても、博物館学の素養をもつとは限らないため、実務経験を積むとともに芸術局内外の研修などに参加しながら博物館業務に関する知識や技術を身につけていかなければならない。特に国立博物館の資料には「遺跡、古物、美術品および国立博物館に関する法律」の対象となるものが多く、その登録作業や保存管理は国立博物館に独特の業務であるため、それらに関しては芸術局内部で定期的に研修がおこなわれている。また国を代表する博物館であるために、国立博物館の学芸員は国際的な研修やワークショップに参加する機会も多い。例えば日本の九州国立博物館とは学術文化交流協定を結んでおり、その一環として 2007 年から 2009 年には計 9 名の学芸員が来日し、博物館資料の保存修復や展示手法、あるいは教育普及などに関する研修を受けている（Paiboonwangchroen et al. eds. 2011：97-99）。その他に、国際博物館会議（ICOM）やアジア国立博物館協会（ANMA）、東南アジア教育大臣機構東南アジア地域考古学・芸術センター（SEAMEO-SPAFA）といった機関を通じた活動にも積極的に参加している。

　もう一つの国立博物館の学芸員の特徴としては、それが行政職と研究職の両方の性質をもつという点がある。先述のようにタイでは考古行政のほぼすべてを芸術局が担っており、また国立博物館はその一拠点として機能しているため、学芸員は地方事務所の考古学者同様に考古行政の実務の担い手の一人となる。一方でこうした芸術局の専門職員は、特に考古学分野では大学に所属する研究者が極めて少ないという特殊な状況（白石 2021：57）もあって、学界を代表する研究者でもある。それゆえ大学で考古学を学び、研究者を志す学生にとって、国立博物館の学芸員はもっとも望ましい職業の一つとなっている。

　しかし学芸員を取り巻く環境は決して恵まれたものとは言えない。国内ではもっとも規模が大きく、職員の数も多い国立博物館であっても、予算や専門人材の不足は恒常的な問題となっている（Incherdchai 2016：62-

63）。国立博物館はわずかな入館料収入を除いて自己収入をもたず、その財政状況は厳しい[6]。ゆえに学芸員の人数は決して十分ではなく、また資料の保存修復や教育普及活動などを専門とする職員は一層限られているために、学芸員個々人の業務の負担は大きい。その反面、国立博物館の学芸員の初任給は月 15,000〜18,000 バーツ（日本円で約 51,000〜61,000 円）程度と、大手の民間企業よりは低い給与水準にある[7]。そのため経済成長が進み、民間企業の増加や高等教育の大衆化が顕著となった近年では、研究者志望の学生の減少や芸術局への就職の忌避といった傾向もみられるようになっている。

3　大学における博物館学教育

　国立博物館の学芸員をはじめ、多くの学芸員を輩出している大学としては、シンラパコーン大学が知られている。そこで以下では、シンラパコーン大学の考古学教育と博物館学教育に注目して、その特徴や課題を探っていきたい。

（1）博物館学を学ぶことができる大学

　そもそも学芸員資格がなく、日本の大学における学芸員課程のような制度化された博物館学教育がおこなわれていないタイにおいて、博物館学を学ぶことができる大学はどれほどあるのだろうか。全国の大学を対象とした悉皆的な調査には至っていないが、シンラパコーン大学とチュラーロンコーン大学、タムマサート大学、マヒドン大学には、博物館学やその関連分野について専門的に学ぶことができる専攻・課程があることが知られている。

　国内最難関大学であるチュラーロンコーン大学にはカルチュラル・マネジメント・プログラム（修士課程）があり、そこでは文化産業あるいは観光産業の分野でマネジメントに携わる人材の育成がおこなわれている。タムマサート大学イノベーションカレッジの文化遺産・創造産業プログラム（修士課程）は文化遺産のマネジメントや創造産業の開発に

携わる人材を育成することを目的としている。いずれのプログラムにも博物館学の授業が含まれているが、その内容は経営的な立場から見た博物館のマネジメントのあり方を学ぶものが中心で、講師らの多くは経済学や経営学の専門家である。つまりこれらはいわゆる専門職大学院であり、学芸員の養成というより、博物館経営に携わる管理職の養成を主眼としたものであると言えるだろう。実際、チュラーロンコーン大学のプログラムは社会人の受講を念頭に平日の夜間に開講されており、その受講生の中には将来的に博物館の組織運営や経営に携わるために学ぶ現役の学芸員もいる。

　マヒドン大学アジア言語文化研究センターのカルチュラル・スタディーズ・プログラム（修士課程）では、主に民俗・民族学系、あるいは人類学系の博物館を念頭にした博物館学のコースが提供されている。これはプログラムで学ぶ学生が副専攻として選択できるコースの一つであり、チュラーロンコーン大学やタムマサート大学のものとは異なり、どちらかと言えばより現場レベルで働く学芸員の養成を主眼としたものである。しかし受講する学生は極めて少なく、むしろ外部からの受講生（多くは現役の学芸員）の方が多いのが現状である。

(2) シンラパコーン大学考古学部とその教育

　一方で、より専門的で網羅的な博物館学教育および学芸員養成をおこない、実際に国立博物館をはじめとする多くの博物館に人材を輩出しているのが、シンラパコーン大学考古学部である。

　シンラパコーン大学は 1943 年に開校した国立大学で、1933 年に政府のお雇い外国人であったイタリア出身の芸術家シン・ピーラシーが設立したプラーニート美術学校を前身とする。「シンラパコーン（silpakorn）」とは「芸術」の意味で、つまりシンラパコーン大学はいわゆる芸術大学として設立された大学である。当時の大学は一部のエリート層を対象とした官吏養成機関の性格が強く、シンラパコーン大学も芸術局の専門職員養成を主な目的としていた。近年では芸術分野以外の学部も設置され

て総合大学に近い状況にあるが、一般的には今なお芸術大学として認識
されている。実際、バンコクのタープラ宮殿キャンパスに足を踏み入れ
ると、学生たちが校舎の壁に絵を描いていたり、各所に彫像などの作品
が展示されていたりと、いかにも芸術大学らしい雰囲気が漂っている。
ちなみに同キャンパスのなかには、シン・ピーラシーの作品や資料を展
示したシン・ピーラシー記念国立博物館もある。

　そのようにシンラパコーン大学は芸術分野で国内最高峰を誇る一方、
考古学の分野でも国内唯一の専門教育機関として知られている。大学設
立当初からある絵画・彫刻学部に次いで、1955年に考古学部が設置さ
れ、以来国内の考古学教育はほとんど独占的にシンラパコーン大学考古
学部が担ってきた。最近ではコーンケーン大学やチェンマイ大学、タム
マサート大学でも若干の考古学教育がみられるが、より専門的かつ体系
的な教育はシンラパコーン大学に限られており、芸術局の考古学者や考
古学系の学芸員は、過去から現在に至るまでほとんど全員がシンラパ
コーン大学考古学部の卒業生である[8]。シンラパコーン大学は2016年
に自治独立大学（日本でいう国立大学法人）となって自立的な運営をおこ
なっているものの、カリキュラムの策定に芸術局の要望が反映されてい
たり[9]、授業の一部を芸術局の専門職員が非常勤講師として受けもって
いたりするように、芸術局の専門職員養成機関としての性格は現在でも
一定程度保たれている。

　考古学部は、考古学、美術史学、文化人類学、タイ語学、英語学、フ
ランス語学、地方史学の7学科から構成されている。タイ語学科や英語
学科が考古学部のなかにあることには一見違和感を抱くかもしれないが、
シンラパコーン大学ではこれらは考古学の隣接学問として教授されてお
り、学生たちが副専攻として異なる学科の授業を受講することも珍しく
ない。もちろん考古学を志す学生は考古学科に在籍するのが一般的であ
り、芸術局の考古学者もほとんどは考古学科の出身である。考古学科に
は約150名の学部生と数十名の大学院生が在籍し、12名前後の常勤教員
が指導にあたっている。

考古学科で提供されている授業は表3のとおりである。考古学に関する基本的な知識の習得を目指す講義から、発掘調査や科学分析などにおける技術を実践的に身につける実習まで、幅広い授業が提供されていることがわかる。シンラパコーン大学の教員が実施する発掘調査では、単なる発掘調査にとどまらず、地域社会で遺跡を保存していくための教育・広報活動などを展開しており、遺跡周辺に一種のコミュニティ博物館を設置する取り組み

表3　考古学科の必修科目と選択科目
(出典：シンラパコーン大学考古学部シラバス（2020年度）より筆者作成)

必修科目	選択科目
考古学基礎論	基礎・応用美術の古代技術
インド考古学	人類の進化
考古学の調査	ヒンドゥー図像学
原始的技術	仏教図像学
タイ先史考古学	環境考古学
13世紀までのタイ歴史考古学	宮中の伝統
14世紀から現在までのタイ歴史考古学	考古学の実測・写真撮影
東南アジア先史考古学	ジオアーケオロジー
発掘調査	考古学科学
考古学的思想・理論の歴史	考古学のための情報科学
東南アジア歴史考古学	水中考古学
考古学研究の方法論	タイの窯業考古学
考古学的分析・解釈	アジア先史考古学
考古遺産マネジメント	オーストラリア・オセアニア先史考古学
個人研究	ヨーロッパ・アフリカ先史考古学
	アジアの宗教文化遺産
	考古学特別セミナー
	考古学のための解剖学
	バイオアーケオロジー
	古代建造物・遺跡の保存
	古物の保存
	考古学英書講読

もおこなっている（白石2021：63-64）。また必修科目の中には「考古遺産マネジメント」の授業もあり、そうした活動や授業は学生たちにとって考古学だけでなく、現代社会における遺跡の保存活用のあり方や博物館の役割などを学び考える機会ともなっている。

（3）博物館学コース

そしてシンラパコーン大学考古学部には博物館学コースと呼ばれるものがある。これは考古学部の学部生向けの副専攻の一つとして開講されているもので、学外の一般人だけでなく他学部の学生も受講することはできない。あくまでも考古学とその関連分野を学ぶ学生に対象を限定した博物館学教育となっており、言い換えれば、国立博物館を中心とする

表4　博物館学コースの必修科目の詳細
(出典：シンラパコーン大学考古学部シラバス
(2020 年度)より筆者作成)

必 修 科 目	選 択 科 目
博物館学	ヒンドゥー図像学
博物館の収蔵品管理	仏教図像学
博物館の教育	古代技術基礎論
博物館収蔵品の予防的保存	宮中の伝統
博物館の実践	タイ考古学概論
	考古遺産マネジメント
	古物の保存
	博物館学の論点

考古・歴史系博物館の学芸員となることを希望する学生に対して、そこで求められる基礎的な知識や実務的な能力を養う場を提供するコースであると言える。この博物館学コースがいつ考古学部に設けられたのか、正確な情報は得られていないが、複数の教員や卒業生の証言によると 30 年ほど前、1980 年代もしくは 1990 年代初頭に遡るようである。増加する国立博物館への対応の一環であったとも推測できるが、このあたりの経緯、そして当時の博物館学教育がどのようなものであったのかについては、引き続き調査を続けたい。

　現在、博物館学コースを受講するのは、一学年あたり 30~40 名ほどである。必ずしも学芸員を目指す学生ばかりではないが、受講生のうち毎年 10 名程度は学芸員として就職しているという。ただし学芸員として就職する場合に博物館学コースの修了が必須条件となることはないため、博物館学コースを受講していなくても学芸員として就職する学生もいる。

　では、博物館学コースではどのような教育がおこなわれているのだろうか。表4に示したのが、博物館学コースの必修科目と選択科目である。必修科目 5 つと選択科目 4 つの計 9 科目 27 単位の取得が博物館学コースの修了要件であるが、選択科目については正規課程の科目と重複するものが多い。つまり実質的に追加で履修しなければならないのは、必修科目である「博物館学」、「博物館の収蔵品管理」、「博物館の教育」、「博物館収蔵品の予防的保存」、「博物館の実践」の 5 つである。その詳細は表5に示したとおりで、授業内容としては学芸員として欠かすことのできない博物館に関するさまざまな知識や、収蔵品の取り扱いや博物館利用者への教育・広報といった学芸員の実際的な業務のノウハウ

表5　博物館学コースの必修科目の詳細
（出典：シンラパコーン大学考古学部シラバス（2020年度）より筆者作成）

科目名	内　　容	配当学年・開講期
博物館学	様々な博物館の設立経緯とその重要性や目的　博物館行政や関連する法律　など	2回生・後期
博物館の収蔵品管理	博物館の収蔵品管理の仕組み　博物館の遺物の取り扱いの手順　博物館の方針の作成　モノの分類　遺物の登録管理　セキュリティー　移動の方法　梱包と開梱　借貸　税関　保存システム　情報提供サービス　など	2回生・後期
博物館の教育	博物館の教育の手順　博物館管理に関する知識　博物館における様々なグループに対する教育活動の方法　教育心理学　博物館に関する知識を提供するための活動　広報　博物館のサービス　など	3回生・前期
博物館収蔵品の予防的保存	博物館収蔵品の保存に対する考え方や原則　遺物の劣化　収蔵庫と展示室での遺物の保存の方法　収蔵庫と展示ケースの質　遺物の移動や梱包の方法　など	3回生・後期
博物館の実践	博物館学の方法論と実践　博物館の現状　博物館学におけるデータの収集と分析　レポートの書き方　など	4回生・前期

など、博物館学の基礎が一通り盛り込まれている。授業で用いられる教科書としては、国立発見博物館機構から出版されている『博物館資料の保存（Kan cat kep watthu phiphitthaphan）』（Ciraphon Aranyanak 2018）や『博物館の実践：他者からの教訓（Phthibat kan phiphitthaphan：botrian cak khon uen）』（Chiwashit Bunyakiat 2016）、芸術局の『地方博物館の手引き（Khumu phiphitthaphan thongthin）』（Krom Silpakorn 2018）がある。しかしタイ語で書かれた専門書は限られているため、海外で出版されている本、例えば『Museums and Source Communities：A Routledge Reader』（Alison K. Brow and Laura Peers 2003）や『Managing Conservation in Museums（2nd Edition）』（Suzanne Keene 2002）、『Key Concepts of Museology』（André Desvallées and François Mairesse eds. 2010）なども併用されている。

　こうした授業のほかにも、学生たちはボランティアやインターンシップの形で学芸員の業務を体験することがある。そもそもタイでは分野を問わずインターンシップが盛んで、多くの大学生が就職活動の前段階として中長期のインターンシップに参加するため、学芸員志望の学生が博物館でインターンシップをすることも当然と言える。シンラパコーン大学の学生の場合、個人的なつてや教員の紹介でインターンシップ先の博

物館が決まり、少なくとも1ヶ月以上の期間働くことが一般的である。

　現在この博物館学コースを担当するのは、考古学科の常勤教員1名である。必修授業はもちろんのこと、コースの運営や実習先との交渉など、すべてを一手に引き受けている。彼女は元々シンラパコーン大学で考古学と美術史を学んで博士号を取得している研究者であり、10年ほど前に博物館学コースの担当者として採用された。彼女にこのコースで課題となっている点を尋ねたところ、「教員が自分一人であること」、「自分は博物館学の専門家ではないこと」を挙げた。実のところ彼女自身は在学中に博物館学コースを受講しておらず、また博物館での勤務経験もない。授業では現役の学芸員をゲストスピーカーとして招いたり、実際の博物館での見学実習を増やしたりして、できる限り学生たちが実践の場に触れられるよう工夫しているが、高い専門性と幅広い視野を身につける教育の実現には至っていないとのことであった。

　とはいえ、これほどに充実した内容の博物館学教育は国内に類を見ず、また実際に多くの学芸員を輩出しているという点からも、一つのモデルケースとなりうる学芸員養成の形であると言えるだろう。

おわりに

　冒頭で触れた「タイ博物館賞」の選考では、博物館が資料を適切に保存・継承しているかだけでなく、生涯学習の拠点としての役割を果たしているか、さまざまなコミュニティと良好な関係を築いているか、展示を通じて人々に新たな意味の解釈や創造といった経験を提供しているか、といったことが評価の基準となっている。それこそが現代社会に求められる博物館のあり方であると言えるのだろうが、その実現に向けては、長期的な管理運営計画や財政的基盤、そして学芸員をはじめとする専門人材の配置が不可欠となるだろう。

　本章では、国立博物館やシンラパコーン大学の事例から、タイの学芸員制度や博物館学教育の現状を明らかにしてきた。国立博物館では全館に学芸員が置かれ、彼らに対する研修なども積極的に実施されている。

またシンラパコーン大学考古学部では考古学の専門教育だけでなく、博物館学コースを設けて、学芸員として活躍しうる人材の育成がおこなわれている。それぞれに課題はありつつも、ときに両者が連携しながら、こうした体制が築かれ、維持されてきた。

　しかし一方でタイの博物館業界全体を見渡したときには、学芸員制度や博物館学教育の重要性への理解は未だ低調である。今後、博物館業界の盛り上がりとともに、学芸員に関する議論も活性化していくことを期待したい。

＊

　本稿の執筆にあたっては、プッサディー・ロートチャルーン先生（シンラパコーン大学考古学部）やナルット・ロクンプラキット氏（マヒドン大学アジア言語文化研究センター）に貴重な情報をご提供いただいた。

　また本研究は、日本学術振興会科学研究費補助金特別研究員奨励費（課題番号：19J13568）の成果の一部である。

　註
(1)　「プラパート」は「（王が）遊びに行く」、「ピピッタパン」は「いろいろな物」で、つまり「王が遊びに行かれるいろいろな物がある宮殿」の意。その後、「博物館（museum）」の訳語として「ピピッタパン（サターン）」が定着した。
(2)　この時代における博物館の設立および発展は、当時のタイの政治状況、つまりは西欧列強による植民地化の脅威とその対抗策としての近代国家形成の推進などと切り離すことができない。詳しくは日向伸介（日向 2017）や Maurizio Peleggi（Peleggi 2017）らの研究を参照されたい。
(3)　ただし「野生動物の保全と保護に関する法律」で動物園に関する記述がみられるように、生態園については各専門分野における法規制があると思われるが、現時点では把握しきれていない。
(4)　正確には、バンコクについては中央の考古学部、タイ湾やアンダマン海（水中遺跡）は水中考古学部が、それ以外の地域を地方事務所が担当している。地方行政や地方自治体に考古行政にかかわる部署はなく、専門職員もいない（白石 2021：59）。
(5)　タイ語の「考古学者（nak borannkadi）」は、一般名詞として大学教員な

どの考古学の研究者を指す一方で、芸術局の役職名としても用いられている。

(6)　国立博物館の入館料（タイ人）は 10〜30 バーツ（約 30〜100 円）ほどで、予算のほとんどは政府からの配分に頼っている。2019 年度の芸術局全体の予算は約 30 億 7 千万バーツ（約 104 億 4 千万円）で、そのうち約 4 億 2 千万バーツ（約 14 億 3 千万円）が国立博物館関連予算である。さらにそのうち 3 分の 1 以上にあたる約 1 億 6 千万バーツ（約 5 億 4 千万円）がバンコク国立博物館にあてられ、残りがその他の国立博物館にあてられている（Krom Silpakorn 2019）。

(7)　タイの一人あたりの平均月給は 10,000 バーツ（約 34,000 円）に満たないが、学歴や職種、家柄、地域による所得格差が極めて大きいため、この指標はあまり参考にならない。現在の国立大学（院）の学生らによると、芸術局の給与はあまり魅力的ではないとのことであった。

(8)　ただし進学する場合には海外の大学院を選ぶことも珍しくなく、フランスやイギリス、アメリカといった欧米の大学院で学位を取得している者も多い。

(9)　例えばタイの一般的な修士課程の修業年限は 2 年間であるのに対して、シンラパコーン大学考古学科の修士課程に限っては最低でも 4 年、多くはそれ以上の年数が必要とされており、それは即戦力となる人材を育成してほしいという芸術局からの要請によるものである。

引用・参考文献

【日本語】

白石華子　2021「現代タイ社会における「考古学」と遺跡の保存」『東南アジア考古学』40、55-69

日向伸介　2017『近代タイにおける王国像の創出―ダムロン親王によるバンコク国立博物館の再編過程に注目して―』（博士学位論文、京都大学大学院アジア・アフリカ地域研究研究科）

【英語・タイ語】

Aranyanak, Ciraphon. 2018. *Kan cat kep watthu phiphitthaphan*. Sathaban phiphitthaphan kan rian ru heang chat: Bangkok.

Brow, Alison K. and Peers, Laura. 2003. *Museums and Source Communities : A Routledge Reader*. Routledge: London.

Bunyakiat, Chiwashit. 2016. *Phthibat kan phiphitthaphan: botrian cak khon uen*. Sathaban phiphitthaphan kan rian ru heang chat: Bangkok.

Charoenpot, Somlak. Ed. 2008. *44 National Museums of Thailand*. Fine Arts Depar
tment: Bangkok.

Desvallées, André and Mairesse, François eds. 2010. *Key Concepts of Museology.*
Armand Colin: Paris.

Incherdchai, Jarune. 2016. Politics for National Museum Management: Solutions
and Development. In Naoko Sonoda ed. *New Horizons for Asian Museums and
Museology*. pp. 57‐67. Springer Open.

Keene, Suzanne. 2002. *Managing Conservation in Museums (2nd Edition)*. Routledge:
London.

Krom Silpakorn. 2018. *Khumu phiphi tthaphan thongthin*. Krom Silpakorn: Bangkok.

Krom Silpakorn. 2019. *Phon kan damnun gan le phon kan buk cai phraman phrac
am pi gop phraman pho. so. 2562 khong krom silpakorn.*

Paiboonwangchroen, Pimpan., Homyam Nithivadee. & Onsup, Sunisa. Eds. 2011.
Foreign Affairs by Fine Arts Department. Fine Arts Department: Bangkok.

Peleggi, Maurizio. 2017. *Monastery, Monument, Museum: Sites and Artifacts of
Thai Cultural Memory*. University of Hawai'i Press: Honolulu.

Posrithong, Phraphatsorn. 2013. Phiphitthaphan thai kap kan lai tam kwam fan. htt
ps: //db.sac.or.th/museum/article/8（2020 年 12 月 15 日最終閲覧）.

6 中国雲南省における民族文化の保護と博物館学

—2000年代初頭の西双版納傣族自治州の非物質文化遺産を事例として—

德澤 啓一

はじめに

　経済発展を経た中国が抱える香港・台湾・新疆ウイグルに関するジレンマに象徴されるとおり、1950年代以降の中国民族学の中心人物の1人であった費孝通の唱えた中華民族多元一体という概念は、再び現代中国にとって、中華民族とその領域に関する統合を達成するためのきわめて重要な国家形成理論となっている[1]。

　20世紀を遡ると、中国の国家形成に大きな役割を果たしたのは、蛮夷戎狄と称された辺境の少数民族を対象とした民族学、また、これらの漢化・融合・同化を進める手段としての愛国主義教育であり、文物古跡等の文化遺産や博物館は、これらに対する触媒としてのきわめて政治的な役割を担ってきた。また、経済的な躍進を続ける現代中国にとって、紅色旅游は、改革開放期に希薄化した教条主義的な社会主義革命思想に回帰させるとともに、多様な形態の観光は、今後、中国経済を持続的に成長させる新たなエンジンと見做されるようになった。こうした中で、文化遺産や博物館等は、観光における経済的な装置としての新たな使命が期待されるようになってきている。

　また、これまでの間、文物古跡等の文化遺産の保護が図られてきたものの、非物質文化遺産、すなわち、無形文化遺産は、その範疇の外にあった。2001年のユネスコ「人類の口承及び無形遺産に関する傑作の宣言」（以下「傑作の宣言」という）以降の取り組みの中で、非物質文化に

対する政治的・経済的な価値が見直されることになった。ここでは、雲
南省西双版納傣族自治州（以下「西双版納州」という）を事例として、2000
年代初頭の省及び州の少数民族の非物質文化遺産に対する保護の取り組
みを取り上げ、これらを担った専門人材について、雲南省域内の大学に
おける博物館学と養成課程に関する教育プログラムを瞥見することにし
たい。

1　2000年代初頭までの文化遺産保護と博物館の動向

（1）文物古跡の保護

　中国の文物保護、文物保育、すなわち、文化遺産保護に関する制度
は、北伐後の中華民国政府によって、1928年「名勝古跡古物保護条例」、
1930年「古物保存法」が制定されたものの、実際は、抗日戦争及び国共
内戦後の1961年になってから、国務院が制定した「文物保護管理暫行
条例」による全国文物調査を通じて、文物保護単位が認定されるように
なった[2]（表1）。当時、文物保護単位は、①革命史跡・革命記念館33カ
所、②石窟寺14カ所、③古建築・歴史記念館77カ所、④石刻及びその
他11カ所、⑤考古学的遺跡26カ所、⑤墳墓19カ所、合計180カ所が
認定されたものの[3]、その後、文化大革命によって、1981年までこれら
の認定作業が滞ることになる。なお、文革期には、孔子討伐等の破四旧
運動等に見られるように、漢族・非漢族を問わず、中国国内の大量の文
物古跡等が毀損・消失している[4]。
　文革後の1982年には、国家文物局による新たな「文物保護法」が制
定されるとともに[5]、歴史文化名城24カ所[6]、風景名勝区44カ所[7]、
2003年には、歴史文化名鎮名村[8]が指定され、文物古跡等の保護に関す
る基本的な枠組みが確立された（表2）。

（2）愛国統一戦線と愛国主義教育

　鄧小平による1981年の「歴史決議」後、華僑や台湾統一工作に配慮

して、蒋介石と国民党の功績を認める方針に転換する一方で、抗日戦争期に関する抑制的な対日批判が解禁され、対日論評と外交姿勢が一転した。抗日戦争終結 40 周年の 1985 年以降、侵華日軍南京大屠殺遇難同胞記念館、ハルビン侵華日軍 731 細菌部隊罪証陳列館等の抗日戦争博物館が相次いで建設された。また、盧溝橋事件から 50 年後の 1987 年には、北京市の盧溝橋史料展示館が拡充され、中国人民抗日戦争記念館が開館した。

また、1989 年の天安門事件以降、再び国内の分裂に直面し、あらためて「抗日」に関する史跡・博物館等の愛国主義教育の役割が注目されるようになり、1995 年には、南京大虐殺記念館（1985 年開設）、中国人民抗日戦争記念館（1987年開設）、1999 年には、瀋陽「九・一八」歴史博物館（1991年開設）が大幅に拡充された。これらは、1990 年代以降に建設された抗日博物館のモデル

表1　雲南省の文物保護単位（第1〜5回）

石窟寺	石鐘山石窟 1（剣川県）
古建築・歴史記念建築物	崇聖寺三塔 1（大理市），太和宮金殿 2（昆明市），広允緬寺 3（滄源県），景真八角亭 3（勐海県），曼飛竜塔 3（景洪市），妙湛寺金剛塔 4（昆明市），大宝穣宮・琉璃殿 4（麗江納西族自治県），中心鎮公堂 4（中甸県），喜洲白族古建築群 5（大理市），建水文廟 5（建水県），筇竹寺 5（昆明市）
古遺址	元謀猿人遺址 2（元謀県），腊瑪古猿化石地点 3（禄豊県），漢主城址 5（保山市）
革命遺址・革命紀念建築物	雲南陸軍講武堂旧址 3（昆明市），聶耳墓 3（昆明市）
石刻及その他	袁滋題記摩崖石刻 3（塩津県），南詔鉄柱 3（弥渡県），元世祖平雲南碑 5（大理市），滄源崖画 5（滄源佤族自治県）
近現代重要史跡・代表的建築	納楼長官司署 4（建水県），南甸宣撫司署 4（梁河県），国殤墓園 4（騰冲県）
古墓葬	石寨山古墓群 5（晋寧県），李家山古墓群 5（江川県），八塔題墓群 6（曲靖市），営盤村墓群 6（永勝県）

（表1〜5の件名の後の番号は公示回を示す）

表2　雲南省の歴史文化名城・名鎮・風景名勝区

歴史文化名城（第1〜5回）	昆明 1，大理 1，麗江 2，建水 3，巍山 3
歴史文化名鎮（第1〜5回）（歴史文化名村割愛）	禄豊県黒井鎮 2，剣川県沙渓鎮 3，騰衝市和順鎮 3，孟連県娜允鎮 4，賓川県州城鎮 5，洱源県鳳羽鎮 5，蒙自県新安所鎮 5
国家級風景名勝区（第1〜5回）	路南石林 1，大理 1，西双版納 1，三江并流 2（図1），昆明滇池 2，麗江玉龍雪山 2，騰冲地熱火山 3，瑞麗江 - 大盈江 3，九郷 3，建水 3，普者黒 5，阿廬 5

表3　雲南省の愛国主義教育施設

全国愛国主義教育模範基地 （第1〜3回）	「一二・一」四烈士墓・「一二・一」運動記念館1,扎西会議記念館2, 彝良羅炳輝陳列館3, 滇西抗戦記念館（騰冲国殤墓園）3, 雲南陸軍講武堂旧址3
紅色旅游経典景区	雲南紅軍長征紅色旅游系列景区, 昆明市西南聯合大学旧址・陸軍講武堂旧址・「一二・一」四烈士墓・「一二・一」運動記念館, 普洱市民族団結誓詞碑, 保山市竜陵県滇西抗戦松山戦役遺址及騰冲県滇西抗戦紀念館・施甸県抗戦江防遺址, 辺疆民族抗英紀念遺址, 普昭通市羅炳輝将軍故居及烏蒙回旋戦旧址, 南洋華僑机工回国抗日紀念遺址, 怒江駝峰航線紀念館, 保山市施甸県楊善洲精神教育基地

表4　雲南省の旅游区

国家5A級旅游区 （第1〜5回） （4A級以下割愛）	路南石林1, 大理1, 西双版納1, 三江并流2, 昆明滇池2, 麗江玉竜雪山2, 騰衝熱海火山3, 瑞麗江・大盈江3, 九郷3, 建水3, 普者黒5, 阿蘆5

となり、愛国主義教育模範基地に位置付けられた。

　愛国主義教育に関しては、「82年憲法」で「人民の間で愛国主義、集団主義、国際主義の教育を行い」と謳われ、1994年の共産党中央委員会による「愛国主義教育実施綱要」[9]でその具体的な内容が指示され、紅色旅游経典景区が認定された[10]。戦争という負の遺産をめぐるダークツーリズムは、革命聖地でその精神とレッドカルチャーを学ぶ紅色旅游という名の愛国主義教育に装いを変えて、社会主義建設及び統一戦線の推進が図られた（表3）。

（3）民族観光と少数民族の非物質文化

　1990年代に入ると、改革開放に伴う都市部の経済発展にあわせて、国内観光客が増大し、1993年、国家旅遊局は「国内観光を積極的に発展させる意見」を発表した。都市部の富裕層が向かう地方での消費拡大を通じて、雇用機会と所得の向上を目指し、地域間・民族間の経済格差を縮減しようとした。そのため、週休2日制度の導入や旧正月と同規模の長期休暇の創出等による交流の拡大を通じて、国内の観光振興を推進する施策が採られた。とりわけ、1999年に昆明で開催された世界園芸博覧会開催の経済効果のインパクトは大きく、インバウンドにも訴求する質の高い観光地の建設が急がれることになった。

2001年、「観光地の質に
もとづく等級化に関する規
定」にもとづいて、国家旅
游局による5段階の旅游景
区の等級が規定されるとと
もに（表4）、地方に向かう
歴史文化游、民族風情游と
結び付ける名鎮名村観光の
対象として、全国郷村旅游
重点村鎮も整備された[11]。

図1　怒江（三江并流・国家級風景名勝区）
（怒江リス族自治州福貢県・2012年筆者撮影）

　とりわけ、西南中国[12]で
は、少数民族を対象とした
エスニックイメージとコ
ミットさせるため、「生き
た」「演じられた」展示が
繰り広げられた。1990年
代前半には、雲南民族村に
代表される民族文化村が建
設され、後半には、雲南民
族文化生態村をはじめとす
る民族文化生態村が建設さ
れるようになり、2000年

図2　西双版納州民族風情園（国家2A級旅游区）
（2005年筆者撮影）

代に入ると、民族生態園（図2）等の建設が進められた。

　ただし、こうした欧米のエコミュージアムやリビングヘリテージを模
倣した施設では、民族や伝統に関する真正性の保持程度に対する懸念を
もたれながらも、そこに「居住する」「移殖された」「勤務する」少数民
族が展示されている。彼らは、観光収入による経済的な恩恵に浴する一
方で、生活文化というよりも生活そのものが衆目に晒されることによる
プライベートの侵害や新たな差別や偏見を受けている事例も見られる[13]。

　このように、「文物保護法」の制定後、愛国主義教育や観光の拠点として、博物館等の施設が整備され、改革開放期以降になると、観光は社会主義市場経済を推進するための有力な産業と見做され、博物館は、さまざまな課題を孕みながらも、政治的な役割に加えて、経済的な装置として注目されるようになった。そのため、2000年代初頭にかけて、新たな博物館の建設が相次ぎ、また、数字博物館（デジタルミュージアム）や活態（生態）博物館等の新しい形態の博物館も誕生していった。そして、これらの博物館のガバナンスを担保するため、2005年「博物館管理弁法」、2008年「博物館評定弁法」、2010年「省市自治区博物館工作条例」、2015年「博物館条例」等が制定されていくことになった[14]。

2　西双版納傣族自治州における非物質文化遺産と博物館

（1）民族学と民族政策

　中国民族学は、20世紀初頭に成立し、抗日戦争期、蒋介石が率いる国民政府が重慶に遷都したことによって、1930年代以降、西南中国の少数民族調査が進んだという歴史的経緯がある。

　国共内戦期以降、共産党支配下の民族学者は、1950年代から1978年まで大陸で行われた民族識別工作に従事し、少数民族を分類するための社会歴史調査を実施した[15]。これは、漢族以外の少数民族を同胞とする民族統合を通じて、中国の国民形成を成し遂げようとするものであった。

　文化大革命期には、「75年憲法」によって、「54年憲法」[16]が改正され、階級闘争、辺境防衛のためとして、少数民族の自治権、民族平等、自文化保持等の条項が削除され、民族識別工作や少数民族の優遇が停止され、融和的な民族政策が後退することになった。

　1980年代、鄧小平体制となった改革開放期には、文革期の左派政策の見直しと名誉回復が図られるとともに、民族文化復興運動が高まることによって、1950年代の融和的な統一戦線工作に回帰することになる。また、1984年、「民族区域自治法」[17]が成立したことで、そこに居住す

る少数民族が自らの文化遺産に価値を見い出し、これを保護していく動きに繋がっていくことになる。雲南省では、1958年の雲南省博物館を皮切りに（図3）、州・県・市レベルの博物館、雲南民族大学博物館、雲南大学人類学博物館等の

図3　雲南省博物館（2005年筆者撮影）

建設が相次ぎ、1995年、昆明市の雲南民族博物館が設立された。

（2）2000年代初頭の非物質文化に関する保護政策

　民族識別工作を終えた西双版納州では、1984年に成立した「民族区域自治法」にもとづいて、「雲南省西双版納傣族自治州自治条例」が制定された。そして、「雲南省民族民間伝統文化保護条例」（以下「保護条例」という）[18]、「雲南省西双版納傣族自治州民族教育条例」を根拠として、州・県・市の文化館や旅游景区景点等において、法令で保障された民族自決権にもとづいて、雲南辺境に居住する少数民族の文物と非物質文化遺産の保護や展示が行われるようになった。

　文化遺産の保護の具体的な対象は、2000年の保護条例の第1章第2条において、以下の民族民間伝統文化が挙げられている。

　①各少数民族の言語と文字、②代表的な民族民間の文学、詩歌、演劇、演芸、音楽、舞踏、絵画、彫刻等、③民族民間の特色ある節日と祝典活動、伝統的な文化芸術、民間体育と民間演芸活動、健康的で研究的な価値のある民族の活動、④各民族の生産、生活習慣を反映する住居、服飾、器、道具等、⑤民族民間伝統文化の特色をなす建築、施設、標識と特定の自然の場所、⑥学術、史料、芸術的価値がある手稿、経典、典籍、文献、家系図、石碑、口伝文化等、⑦民族民間伝統文化伝承人及び身に付けている知識と技芸、⑧民族民間伝統工芸の製作技術と特色ある工芸品、

図4　保護文化遺産成果展覧の会場
（西双版納傣族自治州文化館・2005 年筆者撮影）

⑨その他の保護する必要が
ある民族民間伝統文化、と
なっている。

　これを受けて、州人民政
府は、①から⑨に該当する
民族民間伝統文化を洗い出
す作業を行った。その結
果、2005 年 8 月、州文化
館及び州文物管理所が中心
となって、州を代表する非

物質文化遺産について、「国家級非物質文化遺産代表申報書」（以下「申
報書」という）をまとめ[19]、2005 年 10 月、初めての「西双版納傣族自治
州民族民間文化保護名録」（以下「州名録」という）が公表された（表5）。
筆者が現地を訪れた 2006 年 8 月には、州人民政府によって、「西双版納
傣族自治州保護文化遺産成果展覧」が州文化館で開催されていた（図4）。
展示は、パネル形式であったものの、まず、第一級国家非物質文化遺産
代表作「傣族潑水節」が大きく取り上げられ、続いて、「傣族原始製陶」
等の州名録に掲げられたそれぞれの非物質文化の紹介とともに、これら
を担う民族民間伝統文化伝承工芸人（以下「伝承工芸人」という）の顕彰が
行われていた。

（3）傣族原始製陶の保護に対する具体的な取り組み

　ここでは、西双版納州による非物質文化遺産の保護に関して、「傣族
原始製陶」を事例に取り上げ[20]、申報書に記載された内容をもとに、
州人民政府の取り組みを詳述する。

　申報書では、まず、基本情報、所在地域及びその地理環境、歴史的経
緯の概要がまとめられ、次に、民族民間伝統工芸としての陶瓷工芸の
基本的内容と関連する製作道具と製品（作品）、製作工程が解説されてい
る。そして、これらに携わる伝承工芸人の系譜が記されており、「傣族

表5　西双版納傣族自治州民族民間文化保護名録

民族民間音楽	基諾族民間歌曲	揺籃曲
	基諾族民間民間合奏音楽	奇科・布姑
民族民間舞踏	基諾族自娯性舞踏	太鼓舞（民間喜慶舞踏）
	哈尼族竹筒舞	
民族民間美術	傣族雕塑	
	傣族壁画	布幡画
	傣族絵画	仏寺壁画
民族民間曲芸	傣族曲芸	傣族章哈
	布朗弾唱	
民族民間伝統工芸	陶瓷工芸	傣族原始製陶
	其他工芸	傣族高昇製作
	其他工芸	傣族孔明灯製作
	傣族伝統製傘工芸	
民族民間伝統習俗	民間制度習俗	傣族文身
	歳時節慶習俗	傣族潑水節
	傣族拝師的習俗	
	傣族関門節的習俗	
	傣族献経習俗	賧「坦」
民族民間伝統文化保護区	勐罕鎮（橄欖壩）傣族伝統文化保護区	
	基諾郷巴坡村基諾族伝統文化保護区	
	勐腊鎮曼旦傣族伝統文化保護区	
	打洛景莱傣族文化保護区	
民族民間芸術之郷	勐竜鎮傣族哈尼族芸術之郷	
	嘎洒鎮曼暖典傣族織錦之郷	
	嘎洒鎮傣族歌舞之郷	
	大渡崗郷昆罕大寨布朗族竹編之郷	
	景訥郷陀螺之郷	
	勐罕鎮傣族章哈之郷	
	勐腊鎮傣族歌舞之郷	
	勐混曼召傣族造紙和製瓦工芸之郷	
	勐混曼賀勐傣族竹編工芸之郷	
	打洛曼芽布朗族歌舞之郷	
	勐阿南朗河拉祜族三躍脚歌舞之郷	
民族民間伝統文化伝承人	民族民間風俗礼儀伝承人	9個
民族民間伝統文化伝承工芸人	民族民間美術伝承人	9人
	民族民間舞踏伝承人	9人
	民族民間音楽伝承人	61人
	民族民間工芸伝承人	19人
	民間文献資料保存者	2人

（出所：西双版納州「首批民族民間文化保護名録公示」（2005年10月2日）から作成・網かけは本文中に記載のある項目を示している）

原始製陶」の場合、基本的に家族内の伝承と記載されている。

　岩罕滇さん（1951 年生・男性）は、1988 年、叔父、父、母から陶瓷工芸を受け継ぎ、景洪市曼閣寨の民族民間美術伝承人に選定された（図5）。また、玉勐さん（1958 年生・女性）は、曼閣寨の波香宰さんから陶瓷工芸を受け継ぎ、景洪市曼斗村の民族民間工芸伝承人に選定された（図6）。岩さんが美術伝承人であることに対して、玉さんが工芸伝承人となっている。両者の相違に関しては、岩さんが漢族移住者を従業員とし、電動轆轤や昇炎窯、登り窯等の新しい技術を用いて生活什器を大量生産する傍ら、岩さん自身は、新しい器種や人物や動物等をあしらった塑像等の作品を創作していることに対して、玉さんは、生活什器や寺院に献納する仏器等の伝統的な器種の製作を受け継いでいることによると考えられる。

　申報書では、民族民間伝統工芸とその伝承工芸人が保護に値するという主張とともに、経済発展等の社会状況の変化に伴うこれらの存続に関する危機的状況を訴えている。これらの保護のための具体的なアクションとしては、人民政府文化体育局が管理組織となり、「傣族原始製陶」の保護のための資金を投入するというものであった。また、①高度な知識をもち経

図5　州民族民間美術伝承人の
岩罕滇さんの現代的な作品
（2005 年筆者撮影・德澤ほか 2006 から転載）

図6　州民族民間文化伝承工芸人の
玉勐さんの伝統的土器製作
（2005 年筆者撮影・德澤ほか 2006 から転載）

営の上手な伝承工芸人を育
成する、②製作を実演する
場所を備えた博物館を建設
し、製陶技術を伝承・保護
する、③考古学的な発見に
依拠し、原始製陶のより古
い段階の姿を復元する、と
いう目標を掲げ、5カ年に
わたる保護計画及び経費計

図7　勐泐博物館（2005年筆者撮影）

画を策定するとしていた。2006年度、伝承工芸人とその工房のあり方
の模範を示し、2007年度、各工房の後継者の育成に着手する。2008年
度、専門書を出版し、伝承工芸人の組合を設立する。そして、2009年
度、州博物館を設立し、2010年、「傣族原始製陶」が生み出す製品を観
光客に訴求する特産品に育てるというものであった。

　こうした取り組みの結果として、まず、2010年、瀾滄江の支流であ
る流沙江の南岸、南聯山麓の広大な敷地において、州人民政府による西
双版納民族博物館が建設された。2階を中心として、西双版納州に居住
する少数民族の暮らしが展示されたものの、特別に「傣族原始製陶」に
注力した展示というよりも、西双版納州以外を含めて、網羅的に少数民
族を取り上げ、全民族の和諧（調和）を強調した愛国主義教育としての
性格が強い展示となっていた。むしろ、東隣する西双版納勐泐文化旅游
区の中にある勐泐博物館では、シップソンパンナー時代のツェンフンの
王ツァオペンディンに関する展示が行われ、この地域固有の歴史、文物
古跡、非物質文化等に関する展示が充実していた（図7）[21]。

　また、申報書の結果、2006年、国務院による「第1回国家級非物質
文化遺産名録」が公表され、伝統手工技芸の部門において、「傣族原始
製陶」が「傣族慢輪手工製陶技芸」として登録された。これには、「傣
族は古くから陶器を好んで用い、製陶は傣語で「板磨（バンモー）」と呼
ばれ、一般に「土鍋」という。明代の初めに銭古訓が著した「百夷伝」

には、傣族は「器には陶器だけを用いている」と記している。他民族と異なり、傣族の製陶は世代間の女性に受け継がれる。」と記され、その伝統文化の深遠さを評価した記載となっている。また、玉勐さんは、「傣族慢輪手工製陶技芸」に関する非物質文化遺産代表的伝承人に認定された。

（4）非物質文化遺産保護の背景

　こうした背景として2001年の「傑作の宣言」で昆曲が登録されたことに始まり、2003年、古琴及び七弦琴の演奏技、2005年、新疆ウイグル大曲芸術のリスト入りがあげられる。これが契機となり、これまでの文物古跡優位の中で、「文物保護法」に含まれなかった非物質文化遺産に注目が集まるようになった。

　2004年、中国は、ユネスコの「無形文化遺産の保護に関する条約」（以下「無形文化遺産保護条約」という）を締結し、2006年の発効にあわせ、その具体的なアクションとして「国家非物質文化遺産登録プログラム」を始動させ、2005年には、国務院による「わが国の非物質文化遺産の保護強化に関する見解」とこれを受けての通知が出された。2006年には、中国芸術研究院・中国国家博物館による「中国非物質文化遺産保護成果展」が開催され、また、6月第2土曜日を「中国非物質文化遺産の日」に制定し、そして、2011年「非物質文化遺産法」を施行することになる[22]。

　このように、西双版納州では、ユネスコの無形文化遺産保護条約の批准と相俟って、2000年代初頭、保護条例を皮切りに、非物質文化遺産の保護に関する取り組みが急展開した。州の現地の実務において、これらの具体的な取り組みを担ったのは、雲南民族大学等で民族学を専攻し、州文化館、州文物管理所等で勤務していた専門人材であり、これらの中には少数民族出身者が少なからず含まれていた。

3 雲南省域内の大学における博物館学と専門人材養成プログラム

（1）雲南民族大学[(23)]

　雲南省では、少数民族が受け継いできた伝統文化が顕著に残され、域内の大学では、民族学に関する研究教育拠点が設立されている。こうした雲南省の事情を反映して、域内の民族に関する博物館を支える人材は、雲南省人民政府が設立した雲南民族大学の出身者が多くを占めている。

　雲南民族大学は、全日制2万3,000人が学び、本科生のうち少数民族出身者が半数以上を占めるとともに、省内の州・市・県等の民族自治区の人民政府に対して、少数民族出身の官僚・官吏を輩出する役割を担ってきたことに理由がある。

　1951年、雲南民族学院が創立され、これが前身となり、2003年、雲南民族大学に改称した。雲南省人民政府とともに、中央の教育部と国家民族事務委員会が運営する省重点大学である。

　学士教育では、表6のとおり、哲学、経済学、法学、政治学、社会学、教育学、外国語学、芸術学、理学、工学等の学科がある。とりわけ、民族学、歴史学、武術・民族伝統体育、中国少数民族言語文学等の専門分野を擁するところに特色があり、表7のとおり、2013年から民族学、少数民族言語文学の学位（博士）授与権限が認められるようになった。また、ベトナム・ラオス・ミャンマーと接続するランドパワーとしての雲南省の地政学的位置もあり、南アジア・東南アジア語言文化学院において、隣接諸国の言語とこれらの地域研究にも力が注がれており、とりわけ、ラオス語、ビルマ語、タイ語の専攻は、表6のとおり、国家級建設点とされている。

　また、附属施設として、民族研究センター、2万点以上の文物を所蔵する民族学博物館があり、民族史、民族言語文学、民族学、民族芸術等に関する学術誌『民族学報』（雲南民族大学編・雲南民族出版社）を主宰して

表6　学士課程の学科編成と一流本科カリキュラムの選定［雲南民族大学］

二級学院	専攻	学位	一流本科専門
マルクス主義学院	思想政治教育	法学学士	
経済学院	（略）		
法学院	法学	法学学士	
政治・公共管理学院（人民武装学院）	（略）		
社会学院	社会学	法学学士	国家級建設点
	社会工作	法学学士	省級建設点
	人類学	法学学士	
民族学・歴史学学院	民族学	法学学士	国家級建設点
	歴史学	歴史学学士	省級建設点
教育学院	（略）		
体育学院	体育教育	教育学学士	省級建設点
	社会体育指導・管理	教育学学士	省級建設点
	武術・民族伝統体育	教育学学士	
文学・伝承学院	（略）		
民族文化学院(24)	中国少数民族言語文学	文学学士	国家級建設点
	編輯出版学	文学学士	
外国語学院	（略）	文学学士	
南アジア・東南アジア言語文化学院（国別研究院）	フィリピン語	文学学士	
	インドネシア語	文学学士	
	ヒンディー語	文学学士	省級建設点
	カンボジア語	文学学士	
	ラオス語	文学学士	国家級建設点
	ビルマ語	文学学士	国家級建設点
	マレーシア語	文学学士	
	スリランカ語	文学学士	
	タイ語	文学学士	国家級建設点
	パキスタン語	文学学士	
	ベトナム語	文学学士	
	タミル語	文学学士	
	アフガニスタン語	文学学士	
	ベンガル語	文学学士	
	ネパール語	文学学士	
芸術学院	音楽表演	美術学学士	
	音楽学	美術学学士	
	舞踏学	美術学学士	
	美術学	美術学学士	

（網かけは本文中に記載のある項目を示している）

いるとおり、雲南民族大学は、西南中国の少数民族に関して、中国を代表する研究教育拠点となっている。

こうした中で、2019年、雲南民族研究所と歴史学科が統合され、民族学・歴史学学院（学部）に再編された。雲南省民族研究所は、1956年に設立され、中国で最も歴史のある民族研究の拠点の一つである。また、歴史学科は、1978年に設立され、1986年、中国民族史に関する修士課程が設置された。ここでは、民族学・歴史学学院の学士課程のカリキュラムを取り上げる。

まず、民族学専攻の課程体系を見ると、人類学、民族学、中国民族概論、民族学調査法、民族考古学、民族経済学、族群と家族、民族理論と政策、民俗学、宗教文化学等の専門科目からなるものの、これらの中に博物館に関する科目は含まれていない。

一方、歴史学専攻のカリキュラム編成は、教養教育と専門教育からなり、専門教育は、理論（講義）、実習、卒業研究等からなる。理論には、国史、地方史、年代学、考古学、文化遺産学等が含まれているが、これらの中に博物館学を見い出すことができる。また、実習には、史料解析、発掘調査及び報告書作成、社会調査とともに、展示デザイン等に関する実践トレーニングのプログラムを選択できるようになっている。また、博物館等での2ヶ月以上にわたるインターンシップが組み込まれており、わが国の博物館学芸員養成課程と同じようなカリキュラム構成となっている。

2018年、習近平国家主席の「中国の優れた伝統文化継承のための基地の建設に関する教育省の通知」によって、全国の大学から伝統文化の保護保存とその継承の役割を担う「中国優秀伝統文化伝承基地」が選定され、2019年、雲南民族大学は、「雲南刺染技術伝承基地」に採択された。

また、2019年、「6つの卓越人材・1つの傑出人材育成」計画2.0にもとづき、教育部は、高水準の本科（学部）教育を目指して、「双万計画」を始動した。「双万計画」とは、一流本科専攻とこれに伴うカリキュラムについて、国家級1万カ所、省級1万カ所を設置することなどを通じ

表7　博士課程の研究科編成と学位授与機構［雲南民族大学］

学科分類	一級学科	二級学科	受入機関
法学	社会学	社会学	社会学院
		人類学	社会学院
	民族学	民族学	民族学・歴史学学院

表8　碩士（修士）課程の研究科編成と学位授与機構［雲南民族大学］

学科分類	一級学科	二級学科	受入機関
法学	法学	（略）	法学院
	政治学	（略）	政治・公共管理学院
	社会学	社会学	社会学院
		人類学	社会学院
		民俗学	文学・伝承学院
	民族学	民族学	民族学・歴史学学院
		マルクス主義民族理論と政策	マルクス主義学院
		中国少数民族経済	民族学・歴史学学院
		中国少数民族史	民族学・歴史学学院
		中国少数民族芸術	芸術学院
	マルクス主義理論	マルクス主義基本原理	マルクス主義学院
		マルクス主義中国化研究	マルクス主義学院
		思想政治教育	マルクス主義学院
		中国近現代史基本問題研究	マルクス主義学院
文学	中国言語文学	文芸学	文学・伝承学院
		言語学・応用言語学	民族文化学院
		中国文献学	文学・伝承学院
		中国古典文献学	文学・伝承学院
		中国古代文字	文学・伝承学院
		中国現代文学	文学・伝承学院
		中国少数民族言語文学	民族文化学院
		比較文学・世界文学	文学・伝承学院
	外国言語学	英語言語文学	外国語学院
		インド言語文学	南アジア・東南アジア言語文化学院
		アラビア言語文学	南アジア・東南アジア言語文化学院
		外国言語学・応用言語学	南アジア・東南アジア言語文化学院
歴史学	中国史	歴史文献学	民族学・歴史学学院
		専門史	民族学・歴史学学院
		中国古代史	民族学・歴史学学院
		中国近現代史	民族学・歴史学学院
		歴史地理学	民族学・歴史学学院

（網かけは本文中に記載のある項目を示している）

て、高等教育の「質の革命」を推進しようとするものである。雲南民族大学では、民族学・歴史学学院とその本科教育のカリキュラムが選定されたものの、民族学専攻が国家特色専攻であることに対して、博物館学を擁する歴史学専攻は、省級特色専攻という格差を内在している。

(2) 雲南大学[25]

　雲南大学は、1922 年に設立された私立東陸大学を前身とし、1938 年、国立雲南大学、1958 年、雲南省人民政府が所管する雲南大学となり、現在、全日制 1 万 6,000 人、大学院生 1 万人が学んでいる。研究教育職5,000 人を擁する国家重点大学であり、名実ともに、雲南省域内の旗艦大学という位置付けである。改革開放後の西部大開発の中で社会経済開発の拠点的な役割を担っており、民族学分野に関しては、2001 年、国家人文社会科学重点研究基地として、西南辺境少数民族研究センターが設立されている。

　大学院である雲南省民族研究院では、1996 年、民族学修士、1998 年民族学博士を取得できるようになり、国家級重点学科（専攻）の民族学、省級重点学科の中国民族史、民族法学、民族文化学等の専攻を有する。また、学士教育のうち、民族学・社会学学院（学部）では、民族学系、社会学系、社会工作（ソーシャルワーク）系の 3 専攻があり、このうち、民族学系では、民族学通論、文化人類学、考古学、社会調査と統計、民族学調査研究方法、中国民族史、世界民族研究、博物館学と非物質文化遺産保護、宗教人類学、言語人類学、民族考古学、映像人類学等の専門科目からなり、この中に、「文化遺産の保護と博物館学」の教育課程が設けられている。これには、2006 年、民族学・社会学学院の附属施設として設立された伍馬瑶人類学博物館が関与しており、この人類学博物館及び民族・宗教研究所の構成員数名が民族学系における博物館学の学士教育にあたっている。

（3）雲南省域内の大学における博物館学の在り方

　以上のとおり、雲南民族大学と雲南大学の2つの博物館学と専門人材養成課程の在り方を見てみた。雲南民族大学は、民族学・歴史学の本科・学科の中で、博物館学が歴史学と密接に関係し、中国での一般的な在り方のとおり、歴史学のカリキュラムの中に博物館学が割り付けられている。一方、雲南大学では、民族学・社会学の中に位置付けられ、民族学の中に「文化遺産の保護と博物館学」の教育課程が設置されている。

　このように、歴史資料としての文物古跡等を取り扱う文物管理所、民族資料としての文物と非物質文化を取り扱う文化館という対象と役割が異なる施設があるとおり、雲南省では、博物館学の割り付けに歴史学（考古学を含む）と民族学の2者がある。

　なお、雲南大学の「文化遺産の保護と博物館学」のコースでは、人類学博物館及び民族・宗教研究所の構成員が担っているものの、研究業績等のプロファイルを見る限りでは、彼らのうち、博物館学に関するプロパーがきわめて少数であり、民族学等の専門性優位のスタッフの編成となっていることに注目しておきたい。

　また、専門人材の養成のためには、博物館学及び対象となる分野・領域を融合した研究教育の実施と教育プログラムの敷衍が重要であり、スタンダードとしての教材の開発が必須といえる。博物館学や文物保育に関するテキストは、1990年代中頃にこれらが高等教育の中に編入されたこともあり、中国人研究者による著述、翻訳も枚挙に暇がない。また、民族学と非物質文化遺産に関しては、無形文化遺産保護の潮流と同調し、2000年代初頭から複数のテキストが刊行されている[26]。

おわりに

　以上のように、2000年代初頭の無形文化遺産保護条約の締結に向けた動きの中で、西双版納州の事例のとおり、非物質文化の保護が進展した。また、文博専業という博物館学の在り方とは別に、少数民族に関する文物及び民族民間伝統文化が数多く残されている雲南省では、博物館

学と民族学と関係の中で専門人材の養成が行われる事例があった。

　雲南省は、26民族が居住し、8自治州29自治県からなるフロンティアであり、この地域の博物館、文化館等を見ると、民族史と非物質文化遺産に関する展示が多くを占めるという実情がある。

　また、改革開放に伴う経済発展と同調して、若者をはじめとする少数民族出身者が都市的な生活を享受しようとすることで、各民族の民族民間伝統文化の継承が難しくなっている。とりわけ、言語、文学、古典等の口承や読解が困難となりつつあり、芸術や工芸の担い手不足も深刻さを増している。さらに、文物としての伝統的な生活什器、古跡としての建造物等は、現代的な様式に変容し、また、利便性の高い異材質の工業製品に置き換えられつつあり、こうした開発に対する保全にも可及的速やかに対応する必要がある。

　このように、雲南省では多民族・多文化が共生する地域の実情と課題に応じて、最適な専門人材の養成プログラムを案出することが重要であり、バランスの取れた分野・領域の割り付けを構想することが不可欠である。また、専門人材の多民族性とその当事者性を確保するため、民族の出自を念頭に置いた専門人材の登用も有効な取り組みといえる。

　註
1）孫文の五族共和、蒋介石の中華大民族論を経て、現在、中国共産党とその政権は、漢族と55の少数民族を中華民族と総称している。その背景には、費孝通のいう民族及び領域形成に関する多元一体という中国の国家統合の概念と構造がある。つまり、中国の領域の中において、歴史上、政治、経済、文化に関するさまざまな交流が繰り広げられたことで、漢族と少数民族の間の密接な関係を生み出され、多元一体からなる中華民族とその領域が形成されたという概念をいう。
　費孝通　1988『中華民族多元一体格局』中国民族学出版社
　費孝通（西澤治彦ほか訳）　2008『中華民族の多元一体構造』風響社
2）文物保護単位の「文物」は、遺跡、史跡、名勝、記念物等の不可移動文物を指すものの、文物保護法の「文物」には、芸術品、美術工芸品、文献等の動産としての物質文化を包摂している。また、清朝・民国期の古

物古跡保存法は、陳 2019 に詳しい。
陳　維新 2019「中国における古物古跡保存法に関する一考察―1911 年～1945 年の法令を中心に―」『中国博物館学序論』雄山閣、128-143
3) 2019 年 10 月 7 日の第 8 回までに、5,058 件の全国重点文物保護単位が認定されている。表 1 は、中華人民共和国文物局ホームページから一部抜粋して作成。
https://web.archive.org/web/20120629114410/http://www.sach.gov.cn/tabid/96/InfoID/16/frtid/96/Default.aspx（第 1 回、1961 年 3 月 4 日）
4) 印　紅標　2004「紅衛兵破四旧的文化興政治」『現代中国的制度興文化』香港社会科学出版社
http://ww2.usc.cuhk.edu.hk/PaperCollection/Details.aspx?id=5436
5)「中華人民共和国文物保護法」(2017 修正本)
http://www.ncha.gov.cn/art/2017/11/28/art_2301_42898.html
6) 第 3 回までとその後の 2021 年 11 月 7 日の増補までに 138 件の国家級歴史文化名城が認定されている。表 2 は、中華人民共和国文物局ホームページから一部抜粋して作成。
https://web.archive.org/web/20120609132120/http://www.sach.gov.cn/tabid/97/InfoID/82/frtid/97/Default.aspx（第 1 回，1982 年 2 月 8 日）
7) 2017 年 3 月 29 の第 9 回までに 244 カ所の国家級風景名勝区が認定されている。表 2 は、中華人民共和国国務院ホームページから一部抜粋して作成。
http://www.gov.cn/zwgk/2006-09/29/content_402732.ht（国務院令第 474 号、2006 年 9 月 19 日）
8) 2019 年 1 月 21 日の第 7 回までに名鎮 181 件、名村 169 が認定されている。表 2 は、中華人民共和国文物局ホームページから一部抜粋して作成。
https://web.archive.org/web/20120705161913/http://www.sach.gov.cn/tabid/98/InfoID/85/frtid/98/Default.aspx（第 1 回，2003 年 10 月 8 日）
9)「愛国主義教育実施綱要」には、第 4 章 愛国主義教育基地の建設として、各種博物館、記念館、烈士記念建造物、革命戦争の重要な戦役、戦闘に関する記念施設、文物保護単位、文物古跡、風景景勝、わが国の二つの文明（精神文明と物質文明）の建設の成果としての展示等は、愛国主義教育を行う重要な場所であり、このような教育活動を学校の道徳教育に取り入れなければならないとしている。
「愛国主義教育実施綱要」『中華人民共和国国務院公報』1994 年 20 号(1994/9/20)、「把『愛国主義教育実施 綱要』落到実処―中宣部副部長劉雲山答記者間」『人民日報』1994 年 9 月 7 日)。

岡村志嘉子　2004「中国の愛国主義教育に関する諸規定」『レファレンス』No.647、国立国会図書館調査及び立法考査局、69-80

10) 2016 年には、紅色旅游経典景区名録が公表され、約 300 件の全国紅色旅游経典景区が認定されている。表 3 は、中華人民共和国文化部旅游部ホームページから一部抜粋して作成。
https://www.mct.gov.cn/tourism/#/list

11) 2021 年 7 月 22 日までに 5A 景区 671 件、名村 169 が認定されている。表 4 は、中華人民共和国文化部旅游部ホームページから一部抜粋して作成。この中には、全国郷村旅游重点村鎮のリストも含まれている。
https://www.mct.gov.cn/tourism/#/list

12) 西南中国とは、雲南省、貴州省、四川省、重慶市、そして、チベット自治区をいう。司馬遷が著した『史記』の「西南夷列伝」において、この地域の民族に関して、「夜郎」、「滇」等の国があり、「此皆魋結、耕田、有邑聚」等の記載が残されている。

13) 雲南省民族民間伝承文化保護条例第 38 条では、「民族民間伝統文化を訪問中あるいは調査研究中、民族政策に違反し、民族習慣を尊重せず、民族感情及び公共の利益を損ねた場合、これを批判し、教育する。状況がよくない場合、行政処分、あるいは、法律に基づき犯罪と見做される場合、刑事責任を追及する」と規定されている。

14) 中国における博物館関連法規については、張 2019 に詳しい。このうち、博物館条例の制定の経緯とその内容については、岡村 2015 等に詳しい。また、岡村 2015 によると、2013 年時点の中国の博物館数は、3,473 館を数えるとともに、29,918 人の専門人材を擁していたという。
張　哲　2019「中国博物館関係法規の研究」『中国博物館学序論』雄山閣、144-175
岡村志嘉子　2015「中国の博物館条例」『外国の立法』264、国立国会図書館調査及び立法考査局、123-135

15) 1950 年代以降、民族の種類と定義を確定し、民族の成員を認定しようとした作業であり、こうした民族調査の成果として、各省から『社会歴史調査』が刊行された。これによって、漢族と 55 の少数民族が認定され、雲南省では、8 自治州と 29 自治県からなる民族自治区が認められることになった。

16) 「54 年憲法」では、第 3 条において、「中華人民共和国は統一した多民族国家である。各民族はすべて平等である。民族に対する差別や圧迫、各民族の団結を破壊するいかなる行為も禁止する。各民族は、すべての自己の言語・文字を使用し発展させる自由をもち、すべて自己の風俗習

慣を保持したまま改革する自由をもつ。少数民族が集住する地方では区
域自治を実行する。民族の自治区域はすべて中華人民共和国の不可分の
一部である。」（毛利1998）とされている。
　毛里和子　1998『周縁からの中国―民族問題と国家』東京大学出版会
　王　志安　2005「中国と民族自決権―チベット政策の現状と課題」『駒
　澤法学』4（2）、駒澤大学法学部、234-280
17）民族区域自治法における少数民族に対する優遇措置として「①民族自治
区域では中央の指示を適宜変更してよい。②首長や人民代表大会主任な
どには現地少数民族を当てる。③地元政府に牧草地・森林の所有権や利
用権を認め、資源開発の優先権を与えた。④予備費や機動資金など地元
に財政上の特典を与えた。⑤辺境貿易を認め、地元政府が外貨をある
程度留保できるようにした。⑥自治機関は法律の定めるところにより人
口流動を管理する法を制定すると漢族の移住に歯止めをかけた。」（毛
利1998）等が挙げられている。また、「少数民族への産児制限上の優遇
措置（第2子・第3子までの出産を認める）によるもの、漢族との通婚
で生まれた子供で優遇政策のために少数民族籍を選び直したもの、など
が多数いたという。だが最大の原因は、これまでの差別や圧迫をおそれ
て「漢族」と申告していたものが、少数民族籍を選んだのである。その
他生粋の漢族が緩い産児制限、就学や就労時の優遇を得るために急遽少
数民族に鞍替えするケースも多かったという。」（毛利1998）ことから、
1985年、民族識別工作及び族籍変更工作を終了することになった。
18）2000年5月26日、雲南省第9期人民代表大会常任委員会第16回会議
を通過し、公告第43号として公布された。
19）雲南省西双版納傣族自治州人民政府　2005『傣族原始製陶』（国家級非
物質文化遺産代表作申報書）
20）雲南省の傣族原始製陶に関しては、下記の文献に詳しい。
　李　仰松　1959「从瓦族制陶探讨古代陶器制作上的几个问题」『考古』
　（第5期）、250-255
　张　季　1959「西双版纳傣族的制陶技术」『考古』（第9期）、488-490
　徳澤啓一・小林正史・長友朋子　2006「西南中国における伝統的土器づ
　くりの変容―中華人民共和国雲南省西双版納傣族自治州の伝統的土器
　づくり村―」『岡山理科大学紀要』42号B、岡山理科大学、21-40
　徳澤啓一・中村大介　2011「中国雲南省における伝統的土器製作とその
　地域差・民族差―新平彝族傣族自治県及び元江哈尼族彝族傣族自治県
　の比較を中心として―」『岡山理科大学紀要』47号B、岡山理科大学、
　23-42

徳澤啓一・兪　蕙　2014「中国人民解放軍進駐以前の傣族の伝統的土器製作—西双版納傣族自治州における製作者の移動と身分階層を中心として—」『社会情報研究』第 13 号、地域分析研究会、113-127

徳澤啓一・秦　竹軒・持田直人　2018「シップソンパンナーにおける伝統的土器製作の類型と移転—中国雲南省とミャンマー東部及びタイ北部の関係をめぐって—」『アジア地域研究』第 1 号、岡山理科大学経営学部、61-76

21）シップソンパンナーの歴史に関しては、下記の文献に詳しい。

加藤久美子　2000『盆地世界の国家論～雲南・シプソンパンナーのタイ族史～』京都大学出版会

22）2000 年代初頭、民族民間伝統文化等の非物質文化遺産の保護が進展した背景としては、ユネスコの「無形文化遺産保護条約」を締結し、国内法の「非物質文化遺産法」が成立するまでの中国の政策動向と密接に関係している。1989 年、第 25 回ユネスコ総会では、音楽、舞踊、儀式、慣習等の民間伝承を消滅の危機から保護するため「伝統的文化及び民間伝承の保護に関する勧告」を採択した。また、ユネスコは「無形文化遺産保護条約」に先行し、2001 年から 2005 年にかけて「傑作の宣言」を実施した。この間、中国では、2002 年 10 月に中国上海で開催される ICOM-ASPAC（国際博物館会議アジア太平洋地域会合）に向けて、国内の非物質文化遺産のリスト化の作業が進められた。上海会合では、「博物館、無形文化財、グローバリゼーション」をテーマとして、「博物館と無形遺産に関するワークショップ - アジア太平洋の取り組み - 」が開催され、この中で「上海憲章」が採択されることになった。そして、2003 年の第 32 回ユネスコ総会では「無形文化遺産の保護に関する条約」が採択され、これが 2004 年韓国ソウルで開催される ICOM 総会のテーマ「無形遺産」に繋げられた。2006 年、条約締結国が 30 カ国に達し、「無形文化遺産保護条約」が発効することになった。

23）雲南民族大学における大学院の一級学科・二級学科・大学の一流本科専門等の構成、博物館学が割り付けられたカリキュラム等の編成、教育の特色等の情報に関しては、雲南民族大学ホームページ等を参照した。https://www.ynni.edu.cn/web/11403/home

24）民族文化学院では、蔵（チベット）語、傣（タイ）語（徳宏）、景頗（ジノー）語、拉祜（ラフ）語、傈僳（リス）語、納品西（ナシ）語、佤（ガ）語、傣（タイ）語（西双版納）、彝（イ）語、哈尼（アニ）語、苗（ミャオ）語、壮（ソウ）語、白（ペー）語等の 12 族籍 13 少数民族言語専攻を置いており、これらの言語と文学等の保護と継承を前提として

いる。一方、南アジア・東南アジア学院では、近接諸国のベトナム語、
ラオス語、タイ語等の学科があるとおり、昆明、そして、雲南省を起点
とする国際回廊建設の推進に一役買うとともに、南アジア・東南アジア
向けの中国語教育の普及の担い手の育成という側面もある。

25）雲南大学における大学院の一級学科・二級学科・大学の一流本科専門等
の構成、博物館学が割り付けられたカリキュラム等の編成、教育の特色
等の情報に関しては、雲南大学ホームページ等を参照した。
www.ynu.edu.cn

26）2000年代初頭の非物質文化とその保護に関しては、以下のテキスト等
が刊行されている。
王　樹村編　2007『保護非物質文化遺産叢報』中国経工業出版社
王　文章編　2008『非物質文化遺産概論』（普通高等学校文科教材）、教
育科学出版社

7 中華人民共和国の博物館と 専門人材教育

中島金太郎

はじめに

　中国における博物館は、改革開放政策が始まった1978年時点で349館であったのが、2012年には3,069館に（中国国家統計局編2013）、2018年末には5,136館にまで増加しており[1]、近年その発展が著しい現状にある。国有博物館はもとより、個人や企業等が設置する民営博物館の設置件数が近年非常に多く、河北省に所在する世界湾収蔵博物館集群のように一つのビルに小規模な民営博物館が複数入居する博物館群のような形態も各所で確認できる。現在の中国は、官民問わず博物館設置ブームの渦中にあり、今後しばらく当該傾向が続くとみられる。

　一方、急速な博物館増加に伴い、数多くの問題が噴出していることもまた事実である。例えば復旦大学の沈佳萍は、中国の博物館は「…歴史博物館」や「…記念館」が多く、博物館の基本となる展示は、青銅器、陶器、玉製品、書画、貨幣等の古い器物などの発掘品・伝来品を展示する「消極的展示」であるとし、欧米の博物館のような大衆教育の機関になり得ていないことを指摘している（沈2009）。現実として、中国の多くの博物館、特に人文系博物館では「優品」を「提示」するスタイルが大半であり、モノを用いて教育を行うといった意識は、展示からは読み取れない例が多い。他にも、資料の収蔵環境の問題や贋物などの資料に関する問題、専門職やその他館職員といった人の問題など多彩な問題点が存在している。

　本章では、多様な問題点の中から、特に中国の博物館における教育の
実態と博物館を担う専門人材についての現状を提示し、その分析から今
後望まれる中国の博物館人材のあり方について考察するものである。

1　法制度上の博物館

(1) 中国における博物館の位置づけ

　中国には長らく博物館に関する法律が制定されておらず、2006年1
月施行の「博物館管理規則」(以下、管理規則)、2015年3月施行の「博物
館条例」(以下、条例)が博物館全般を規定する役割を担っている。他に
も、「中華人民共和国文物保護法」などの文化財関連法令や、1977年に
国家文物局が発布した「民営博物館暫定条例」などによって博物館が位
置付けられている。

　管理規則については、落合広倫が「中華人民共和国における「博物館
管理規則」」の中で邦訳を試みており (落合2014)、管理規則の邦訳は同
論の訳に基づくものとする。管理規則における中国の博物館は、「第二
条　本規則の博物館とは、文化財行政管理部門の審査、法人資格取得の
ための関連行政部門の承認を経て、人類の営みや自然環境の重要な遺物
を収集、保存、研究、展示し、公共、非常利の社会奉仕団体を目指すも
のを指す。(以下略)」と定義されている。

　一方条例については、国立国会図書館の岡村志嘉子が「中国の博物館
条例」としてその経緯と特徴を分析しており (岡村2015)、条例の邦訳は
同論の訳に基づくものとする。条例における中国の博物館は、「第2条
この条例において博物館とは、教育、研究および鑑賞を目的とし、人類
活動および自然環境の証拠物を収蔵し、保護し、および公衆に向けて
展示し、登録管理機関による法に基づく登録を経た非営利組織をいう。
(以下略)」と定義されている。条例は、管理規則を下地として制定され
たものであり、中国における博物館の定義・位置付けは共通したもので
ある。つまり中国の博物館の概念は、収集、保存、研究、展示、教育の

機能を有し、行政機関によって法人格が承認された非営利の公共機関と換言することができる。

法令上の中国の博物館の特徴として、日本では博物館として位置づけられる施設の一部が条例の対象となっていないことが挙げら

図1　科学技術館の例（上海科技館）

れる。条例の第45条には、「この条例にいう博物館は、科学技術の普及を目的とする科学普及施設を含まない」とあり、また第46条には「中国人民解放軍所属の博物館は、軍隊の関係規定に基づいて管理を行う」との記述がある。特に前者の「科学普及施設」は、中国科学技術館や上海科技館（図1）など科学技術館（科技館）などの名称で設置される博物館で、日本では自然科学系博物館の一部や科学館と称される施設に比定できる。日本では、愛媛県総合科学博物館が登録博物館、山梨県立科学館が博物館相当施設になっているなど、当該館種は博物館法の対象となるものと規定されている。一方中国では、1995年に制定された「中華人民共和国教育法」の第50条において、「図書館、博物館、科学技術館、文化館、美術館、体育館（場）等の社会公共の文化体育施設、および歴史文化遺跡、革命記念館（地）は、教員、学生生徒を優待し、教育を受ける者の教育のために便宜を与えなければならない。」とあり[2]、博物館と科学技術館は（ここでは美術館も）別の概念の存在と位置付けられている。また、2002年制定の「中華人民共和国科学技術普及法」では、第14条に学校教育以外の教育機関として青少年・学校向けの教育活動を組織・実施する科学技術館（科学普及施設）が規定され、第16条には科学技術館は図書館や博物館とともに科学普及教育の機能を発揮すべきことが明記されている[3]。つまり中国では、博物館と科学普及施設は法令上区別されており、上記の概念を持つ博物館に対し、青少年への科学

技術の涵養に特化した施設を科学普及施設と位置付けているのである。ただし、中国科学技術館元館長李象益教授の日本科学未来館での講演資料にも示されている通り、中国においても科学技術館は博物館の一種あるいは近似する施設と社会通念上位置付けられていることがわかる[4]。

　また、日本と中国の法令上の差異として、法的責任（罰則規定）を明記している点が挙げられる。管理規則では、第5章附則の第31条に「博物館が本規則に違反し、その経緯が重大である場合は、所在地の省単位の文化財行政部門は審査同意意見を撤回し、関連行政部門は博物館の法人資格を取り消す。博物館がその他の法律法規に違反した場合は、関連する法律法規によって処罰される。」とあり、博物館の廃止を含めた重い罰則が規定されている。一方条例は、第5章に「法的責任」の項を設け、6条にわたって罰則を規定している。第39条は、入手経路が不明もしくは非合法な収蔵品を取得し、陳列展示のテーマおよび内容が劣悪な影響をもたらしたとき際に罰金などの処分があること、第40条は博物館が商業活動に従事した際の罰則、第41条は登録後半年以内に公開をしない、あるいは無料もしくは優待措置を実施しない場合に登録を取り消すことを定めている。第42条は価格に関する法律および行政法規の規定に違反した際の処罰、第43条は職員が問題を起こした際の処分が定められ、第45条は総括として条例に違反して犯罪を行う者に刑事責任を追及する旨が記されている。落合は、日本の「博物館法と実際の博物館運営に齟齬が生じている大きな原因の一つに、条文に明確な処罰規定がないこと」を挙げており、法律の求める理想と現実の乖離を生じさせないという点において中国の管理規定は先進的であると述べている（落合2014）。一方岡村は、第39条の展示内容の管理強化に関する規定を引き合いに出し、「商業主義や低俗化を防止し博物館の質的向上を図る目的もあり、一概に思想統制の強化とのみ解釈すべきではない」としながらも、当該条文がどのように運用されるのか注視する必要があると述べている（岡村2015）。中国では、法令に罰則規定を設けることによって博物館を統制し、博物館の質の保証と望ましい博物館の実現を目

指しているものと考察される。

（2）教育機関としての博物館

　日本では、博物館法第1条に「この法律は、社会教育法（昭和二十四年法律第二百七号）の精神に基き、博物館の設置および運営に関して必要な事項を定め、その健全な発達を図り、もつて<u>国民の教育、学術および文化の発展に寄与することを目的とする。</u>（傍線筆者）」とあり、社会教育のための教育機関であることが法律上規定されている。また、第3条の主な事業の中で「九　<u>社会教育における学習の機会を利用して行つた学習の成果を活用して行う教育活動その他の活動の機会を提供し、およびその提供を奨励すること。</u>（傍線筆者）」とあり、一般公衆に教育の機会を提供するための機関であると位置づけられている。

　一方中国の博物館は、博物館条例第2条の博物館の定義の中で「<u>教育、研究および鑑賞を目的とし、</u>人類活動および自然環境の証拠物を収蔵し、保護し、および公衆に向けて展示し、登録機関による法に基づく登録を経た非営利組織をいう。（以下略、傍線筆者）」とされ（岡村2015）、その目的の第一として教育を謳っている。また、第35条には、「国務院教育行政部門は、国の文化財主管部門と共同し、<u>博物館資源を利用した教育および社会教育活動の展開に係る政策および対策を制定しなければならない。</u>（以下略、傍線筆者）」とあり、続いて学校教育における学校と博物館のそれぞれの役割を規定している。

　また、博物館における教育を推進するための政策として、入館料の無料化政策が挙げられる。中国では、2004年に浙江省で初めて省級博物館が無料開放されたことを皮切りに、続いて湖北省博物館が無料開放され、両館では従来と比較して非常に多くの来場者数を記録した。これを受け、2008年1月23日に中国共産党中央宣伝部、財政省、文化省、国家文物局は、「关于全国博物馆、纪念馆免费开放的通知」と称する合同通達を出し、全国の公共博物館および記念館等の入館料無料化を通知した。同通知において、博物館や記念館は人間の文化や自然の産物を展

示・活用するための施設と位置付けられ、もって国家教育システムの重要な要素であるとしている⁽⁵⁾。そして、博物館を無料開放することで、人々の文化的な権利と利益を尊重すると同時に、中国の国民教育システムの改善と教育機能の拡充、国際的な文化交流、優れた国民文化の宣伝などに効果があるとしている。つまり、博物館を無料開放することにより、それまで博物館を訪れなかった人々を博物館に誘引し、博物館を観覧するすることで展示内容および博物館への理解に繋がり、国民の学習ひいてはモノを介した愛国心の涵養を目論んだ政策といえる。実際、浙江省博物館は無料開放後の第一週で従来の 5 倍にあたる 16,000 人の入館者数を記録し、また湖北省博物館でも無料開放後 2 ヶ月で従来の 1 年間の入館者数を超える 30 万人を数えるなど（吉田 2009）、博物館の無料開放が集客に直接的に影響していることがわかる。

　中国における博物館とはモノを用いた教育機関であり、社会教育施設であると同時に学校教育にも資する存在であることは日本と共通する。これは、上記の管理規則・条例の記述に見られるだけでなく、文物保護法に代表される博物館関連法規にも確認でき、中国においても博物館は教育機関という認識が持たれている。一方で、中国の博物館の持つ教育機能として、愛国教育の機能がある点が日本の博物館との差異であるが、これは中国における博物館設立および発達の背景に基づくものである。次節では、中国の博物館における教育思想の推移を概観したうえで、博物館教育の実践について考察するものである。

2　中国における博物館と教育

(1) 博物館における教育思想の推移

　中国の博物館教育を論ずるにあたり、まず中国の博物館史、博物館学史に触れておきたい。中国の博物館に関する歴史研究は、1964 年に台湾の包遵彭が著した『中國博物館史』に始まり（王 2017）、その後博物館学研究の高まりとともに増加していった。1994 年の王宏鈞「博物館与

社区歴史文化 兼論世界最早的博物館和博物館起源」や、2017 年の尹侖「法国人記録的中国第一座博物館—雲南府博物館—」、日本国内で発表された論考としては、2018 年の鄭瑞「中国博物館小史」、彭露「中国博物館学の濫觴と展開に関する研究」などが代表例として挙げられる。中国博物館の源流は、紀元前 478 年に孔子の死後 1 年を悼んで孔子の故居に建てられた孔子廟に、孔子の服や使用した道具等の遺品を展示したものとされ（王 1994）、また近代的な博物館は、1868 年にフランス人動物学者ピエール・ウードが設立した「徐家匯博物院」がその嚆矢とされている（張 2019）。中国人が自ら設置した最初の近代的な博物館は、研究者毎に諸説あり未だ定説を見ていないが[6]、一般的には張謇が 1905 年に設立した「南通博物苑」とされる。

　南通博物苑は、張が日本の帝室博物館等を見学した経験を基に、清朝政府へ博物館設置を要求したことが始まりとされ、要求が却下されたのち張が私財を投じて設立した私立博物館であった。同苑の創設にかかる理念は、宋伯胤が「張謇与南通博物苑—博物館史事与人物之二—」の中で 6 点に整理しており（宋 1983）、家永真幸の日本語訳によると、「①教育を主目的とした、②収蔵品は天然、歴史、美術という三部構成をとった、③私蔵された文物を一般に公開するとともに、後世に残すことを求めた、④職員に学識を求めた、⑤独自に収蔵品の分類法を定めた、⑥細かな参観規程を設けた」としている（家永 2013）。ここで注目されるのは、博物館設置の理念として「教育」を掲げている点である。家永は、金海蓮がまとめた 1890 年代頃からの博物館設立の推移を分析し、中国における国家レベルでの博物館設置が、知識人団体「上海強学会」によって提起され、南通博物苑を設立した張も同会に参加して博物館創設の意義を見出していた点を指摘している。加えて、中国における博物館の設置目的は、海外諸国に対抗するための中国の富強を目的とした人材育成にあったとし、また張謇は日本のように「博物館によって国家権力が文化財を保護するという意識をそれほど強く持っていなかった」と述べ、中国での文化財保護制度の整備の取り組みはアヘン戦争および義和団事件

後の 1900 年代後半以降としている。つまり、南通博物苑が設立された
当時、国家レベルでの文化財保護に至る重大な事情・契機は無く、むし
ろ当時の中国が置かれていた海外諸国に対する状況を鑑み、その状況に
対応できる人材の育成を目的とした結果、博物館設置の理念として「教
育」を掲げたと考えられる。

　南通博物苑の開設後、1924 年一般公開の国立歴史博物館、1925 年
開設の故宮博物院など、中国では複数の博物館が開館した。梁吉生が
1988 年に発表した「論旧中国博物館事業的歴史意義」によると、1930
年代に中国の博物館は急速に数を増やし、1936 年時点では博物館 77 館、
美術館 56 館、文物保存所 98 館が存在したとされる（梁 1988）。梁の考
察によると、当該期の博物館研究者の考える博物館学の機能・役割は、
「国民が持つ文化と知識を啓発し、無知を救い、愛国主義と民族主義を
育て、科学と民主の観念を宣揚する（彭露訳、原典中文）」ものであった
とされる。当該考察に対し彭露は、大きな社会変革の要求に対し、新し
い社会の知識体系を早急に構築する必要があり、その知識の伝播に加え
て内憂外患の現状における愛国主義・民族主義の涵養を目的として博物
館が多数設置されたと説明している（彭 2019）。一方、1937 年に勃発し
た日中戦争（中国で言うところの抗日戦争）、およびその後の国共内戦によっ
て多くの博物館が甚大な被害を受け、機能し始めた博物館活動も停滞を
余儀なくされた。

　中国における博物館の役割が明確に規定されたのは、中華人民共和国
の成立以降である。中華人民共和国の成立に伴い、中国政府は当時中国
に現存していた博物館を接収したうえで改造し、博物館の再建を目指し
た。賈士金は、当時の政府が博物館に課した役割について、以下のよう
に述べている（賈 1987）。

　　当時、政府の方から博物館に課していた役割は、人民大衆に愛国主
　　義の教育を行い、正しく歴史を教え、自然と科学の正しい知識を身
　　につけ、祖国を愛する場所であるというものでした。この方針に
　　のっとり、故宮博物院と北京歴史博物館を重点に、それとつながる

地方の博物館に対して、陳列を改め、倉庫の管理を整理し、人民大
　　衆への宣伝と教育の役割を強め、博物館行政のあり方や人事の面の
　　整理をし、より完全な制度を設け、旧時代の影響を除くようにしま
　　した。

　つまり博物館は、諸活動を通じて歴史・自然科学知識を伝達すること
に加え、愛国心を涵養する施設であると位置づけられている。中国の博
物館が愛国心教育の場として位置づけられていることは、先述の入館料
無料化政策および日中戦争以前にも述べられていたが、中華人民共和国
の成立によって政府として博物館に課した役割となったことがわかる。

　また鄭瑞は、1951年に中国文化部が「地方博物館における方針、任
務、性質と発展方向についての意見」を発布することで、博物館の発展
方向が明らかにされ、封建思想と植民地性の糟粕を反映している展示を
廃棄し、科学的な保存制度が設けられたと述べている（鄭2018）。つま
り、旧態依然とした博物館を新たな中国の方針に合致するように改革し
たのである。

　中国博物館の役割の明確化は、とりわけ1956年の全国博物館事業会
議[7]が契機とされている。鄭は、同会議によって明確化された社会的役
割について、以下のように論じている。

　　すなわち博物館の基本性質は科学研究機関と文化教育機関であるこ
　　とと博物館の基本任務は科学研究に奉仕し、広く民衆に奉仕するこ
　　とが明示された。全国記念博物館事業会議で記念博物館は必ずコレ
　　クションの現状を展示し、規模ばかり追求するではなく、多様化も
　　重視するべきであることが提案された。（傍線筆者）

　この段階で、中国の博物館の役割は研究と教育、保存継承の3点に定
められ、加えて主たる機能として陳列（展示）を位置付けることで、概
ね世界各国の博物館等と同等の理念・役割を持つこととなったのであ
る。その後、文化大革命による停滞期を経て、現代の中国の博物館は飛
躍的な発展を遂げた。一方、1979年の国家文物局の全国博物館懇談会
での審議・決定事項や先述の各法令からも理解できるように、博物館の

基本的な役割については 1956 年に明確化されたものを踏襲しており、教育を博物館の基幹的な機能に位置付けていることが理解できよう。

　また、近年中国では、博物館学分野における博物館教育論が多く研究され、多数の書籍が刊行されている。例えば、2015 年刊行の『博物馆教育活动研究』は、アメリカのスミソニアン・インスティテューションを主たる調査・研究対象とし、博物館教育の現状把握から低迷する中国の博物館教育の向上およびその全国的な平準化を目的に研究した著書である（郑 2015）。また、2017 年の『博物馆与教育：目的、方法及成效』は、英国で発行された『Museum and Education：Purpose, Pedagogy, Performance』を中国語に翻訳したもので、世界各国の先進的な博物館教育の理論・実践事例を中国に取り入れようという考えが垣間見える（宋 2017）。他にも、子供の博物館利用に重点を置いた『中国博物馆青少年教育工作指南』などの専門書の刊行や（中国博物馆协会社会教育专业委员会 2018）、社会教育施設としての博物館についても論究した『当代中国博物馆』など（段 2017）、当該分野の研究は盛行しているといえる。

　しかし、博物館全体の理念・役割および博物館教育に関する研究の高まりが背景にありながらも、必ずしも博物館教育が実践されたわけではなかった。劉慶平、彭建は、2009 年の「中国の博物館はどこに向かっているのか」において、西洋の博物館が「物中心」の段階から脱して「人中心」を強調する段階に入っているのに対し、中国の博物館は「収蔵重視ユーザー軽視」、つまり「所蔵品の保護に傾き、大衆からの要求をなおざりにしている」と断じている（劉・彭 2009）。一方、中国の博物館も「人中心」「人本位」の政策を推進する必要性を述べ、博物館が地域の文化基地として住民のニーズに即した博物館活動を実践すること、生涯学習施設としての機能を強化することで大衆の知恵を啓発することを要望している。そのうえで、博物館教育に関係する具体案として、家庭の日、夏のキャンプ、講演寄稿、博物館友の会の活動、博物館を核としたツアーの実施などについて提案している。また沈佳萍は、「博物館教育機能の最適化分析」の中で、「博物館教育理念の革新」「博物館と慣

習の交流障害の排除」「博物館と館外機構協力の強化」「博物館教育部門の建築最適化」「豊富な博物館教育の内容と形式」の５項目にわたって中国の博物館教育の課題と展望を論じている（沈 2009）。

　このように、中国の博物館学研究者の中には、現状の中国の博物館教育は不十分という認識を持つ者がおり、また筆者が訪中調査した実態として、中国の博物館では各館の教育的配慮の有無が極端であることを把握した。これを踏まえ下記２・３項では、現在の中国の博物館で実践されている博物館教育について、展示と教育普及活動の２点からその事例を提示し、その考察を試みるものである。

（2）教育としての博物館展示

　日本における博物館は、社会教育法を親法とした博物館法によって規定される機関であり、公民館や図書館などと同様に社会教育・生涯学習の機関として位置付けられている。社会教育機関の中で、「展示」の字が法律上の定義に存在するのは博物館のみであり、博物館は展示を核とした教育機関であると換言することができる。博物館展示の理念は、展示は博物館を代表する機能であると同時に情報伝達（コミュニケーション）の一形態であり、資料が内蔵する学術情報を伝達することで来館者の学習を促す効果を発揮することである。つまり、博物館展示＝教育であり、展示こそが博物館教育活動の主翼を形成するものでなくてはならないと青木豊は自著で論じている（青木 2015）。

　中国においても展示を教育と捉える考え方は存在し、例えば沈佳萍は「陳列展示は、博物館が教育機能を発揮する最も直接的な鍵となる方法」と述べ（沈 2009）、博物館教育を語る文脈の第一として展示について言及している。また、博物館教育が意図されるようになった転機として、劉慶平、彭建は 1997 年の「陳列精品」プログラムを挙げており、同プログラムの実施以降、中国の博物館展示のテーマ設定、科学技術の使用、芸術表現力が強化され、また対外交流を積極的に行うことで、顕著な成果を上げたと述べている（劉・彭 2009）。つまり、展示の革新的な改革プ

ログラムの実施が博物館教育の向上に繋がったとされており、博物館展示
＝教育という考えが中国にも存在することが伺える。

　中国の博物館展示の現状として、先の沈の指摘にもある通り、「優品」
を「提示」する「消極的な展示」が多い。中国は、5,000年もの長きに
わたって繁栄し、中でも陝西省西安市や河南省洛陽市に代表される中国
の歴代王朝・国家が都を構えた地をはじめ、歴史に裏付けられた豊富
な文物、中でも青銅器や玉製品、多彩な陶磁器などの考古資料・歴史資
料が各地に遺存している。日本の博物館に多い土器片などの考古資料や
農具に代表される民具資料と違って、これらの資料は提示しておくだけ
でも美しさや特異性、歴史的価値を発信できる優秀な資料である。つま
り、モノをわかりやすく伝えるための様々な工夫をしなくても何となく
観覧できてしまうのであり、そこにモノを用いた教育的意図は希薄であ
る。2008年の『平成20年度地域と共に歩む博物館育成事業　博物館支
援策にかかる各国等比較調査研究　アジア9ヵ国国際比較調査報告書』
内の記述によると、中国の博物館全体の約7割が歴史系博物館とされ
（王2008）、また岡村志嘉子が報告した2012年時点の中国の館種別博物
館数によると、総数3,069館に対し歴史系博物館および歴史部門を有す
る総合博物館の合計が2,511館であり（岡村2014）、約81％の館が歴史系
の要素を含む博物館であることが理解できる。歴史系博物館のすべてが
「消極的な展示」と断言することはできないし、実際日本の博物館学に
おける展示理論に合致するような工夫された展示を持つ館も存在するも
のの、歴史系博物館に「消極的展示」が多いことは先行研究および訪中
調査の両者から裏付けられる傾向とみられる。また曹兵武のように、特
定の館種を指定はしていないものの、博物館展示の不備・不振を指摘す
る例もあり（曹2009）、博物館展示の改善が中国の博物館における課題の
一つといえる。

　中国の展示には、日本の博物館を凌駕する要素も複数存在し、特筆す
べきは多彩な映像展示や等身大人物模型などの二次資料の利用である。

　前者は、比較的小規模な博物館や民営博物館を除く多くの館で採用さ

れているが、その一部には
日本では見られない独特な
映像展示が散見される。例
えば、甘粛省博物館に設
置された展示ケースの一つ
は、資料を保管・展示する
機能に加え前面のガラスが
スクリーンになっており、
奥に青銅器の実物を展示し

図2　甘粛省博物館の青銅器のCG展示

つつスクリーンでその使用方法をCGで解説する手法を採っている（図
2）。陝西省西安市の陝西歴史博物館では、石器時代の暮らしを紹介する
映像展示において、映像を投影する背景に住居や地形を描き、そこに人
間や生活道具、背景と同じ地形や住居の映像を映し出すという手法を採
用している。他にも、青少年への科学教育を目的とした上海科技館や上
海自然博物館では、随所への映像展示の使用、情報端末での情報発信お
よびゲームの提供などを実施するほか、AR（拡張現実）を用いた体感型の
映像展示を採用し、また上海元代水門遺址博物館では実際の遺構面に映
像を投影することで、水門として活用していた元時代当時の姿を容易に
イメージさせるなど、中国全土で多種多彩な映像展示が模索されている。
　中国の博物館の映像展示は、特徴的かつリアリティが高く、観覧者の
興味を引く要素をとらえた上質な映像提供がなされているものが多い反
面、保守管理や故障機器の更新に関する意識は希薄である。また、上海
科技館の「生殖的奥秘」展示において、人間の性行為の映像を上映して
いるなど、倫理面で疑問に思う映像展示が散見される点も課題であると
いえよう。
　後者は、中国における中規模以上の博物館や大学博物館等において
普遍的に見られる傾向にあり、等身大人物模型を多用することでリアリ
ティを追求した情景再現を実践する事例が多い。例えば、甘粛省に所在
する蘭州非物質文化博物館の2階部分は、原寸大の町並み再現と人物模

図3　広富林文化展示館の情景再現展示

型を組み合わせ、中華民国時代の蘭州の暮らしを再現している。また、同じ甘粛省の甘粛永登魯土司衙門博物館では、土司が裁判を行った建物に入棟することができ、兵士の等身大模型に囲まれながら裁判の様子を感じることができるほか、土司の生活や故事などの説明に等身大人物模型を多用している。他にも、上海市松江区に所在する広富林文化展示館では、広富林文化遺跡の発掘調査の状況、石器時代人の生活の様子、清代～近代にいたる人々の暮らしを展示するために、また同じ遺跡博物館である陝西省の西安半坡博物館でも、石器時代の同地域の暮らしを表現するために等身大人物模型を使用している。加えて、現代中国の博物館を論じた『当代中国博物館』などの書籍には、等身大人物模型を用いて展示を構成している例が散見でき（段2017）、中国の博物館展示手法として一般的であることがわかる。

　等身大人物模型を用いた情景再現は、日本では大阪歴史博物館や福岡市博物館などでも見ることができるが、中国のものはその規模や精緻さにおいて日本を凌駕している。例えば、先述の広富林文化展示館の発掘調査現場の再現展示では、至近距離に近寄らなくては見分けがつかないほど精緻な人形を使用し（図3）、蘭州非物質文化博物館の蘭州の暮らし再現においても、炉の火が燃える様子を電灯で表現するなどの動感展示の手法を多々使用しており、極めて高い臨場感と模型を見ただけで十分な情報を得られる学習効果を両立している点が特筆される。

　一方中国において、博物館学的な理論に合致する教育としての博物館展示を実践する館は全体数としては多くないものの、増加傾向にある。例えば、河北省石家荘市に所在する河北博物院は、他の一次資料と組み

合わせることでイメージを
喚起させる構造展示、わか
りやすいイラストの添付や
欠損部位を樹脂で補填す
ることによってイメージを
創出する組み合わせ展示
といった説示型展示を多数
設置し、また銅鏡の触察と
いった体験型展示、一次資

図4　河北博物院の動感展示

料とミュージアムグッズとの比較展示、矢が飛んでいく様を実物資料の
配置で表現した動感展示など（図4）、特色のある展示を実践している（落
合・中島 2020）。また、自然科学系の大学博物館である上海中医薬博物館で
は、映像展示や情報端末の使用、漢方薬とその材料となった動植物標本
の比較展示など、観覧者の理解増進のための基本的な展示を推進するだ
けでなく、3階に「体験区」を設けて体験型展示に力を入れている。体験
区には、様々な医療機器の体験、映像を用いた薬に関する解説、漢方薬
の匂いを感じる体験等々が設置され、また頻度はわからないが職員が体
験活動のサポートを行う体制を整えている。

　他にも、館全体ではないが博物館学の理論に基づく展示を部分的に合
致する館は存在している。例えば、土層剥ぎ取り標本に各層に対応する
土器を組み合わせる西安博物院や上海歴史博物館の構造展示、青銅器の
制作過程を各過程の模型および実物によって解説する上海博物館の時間
軸展示、鳥の嘴や足を集合展示してその構造・機能を比較する上海自然
博物館の比較展示、館のテーマは自然史系ではあるが、鉱物などの資源
が人間の生活に活用されていることを示すために民俗学や経済学的な要
素を展示に組み込んだ甘粛地質博物館の複合学域展示など、展示に関す
る工夫は中国各地で確認できる。

　このような展示は、新設館（および近年開館した館）や近年リニューア
ルした館に多く、中国においても意識を持った展示の実践が増加傾向に

あるといえよう。「はじめに」で述べた通り、中国の博物館は未だ建設ブームの渦中にあり、少なくとも5年〜10年は博物館の増加が続くと思われる。かかる傾向の中で、博物館の新設・リニューアルに際して中国国内における優良な展示事例を参考にすることで、中国の資料の特性に合致しつつもより効果的な教育機能を持つ展示を製作できるのである。これにより、「消極的展示」を脱し、中国全体の博物館展示の改善に繋がることを期待する。

（3）中国の博物館における教育普及活動

　中国の博物館では、日本と同様に教育普及活動を実践している事例がある。例えば、職員による展示解説や音声ガイドの貸し出しは全国的に広く行われているほか、資料に触る体験や衣服の着装体験、遺跡博物館での古代のくらし体験、講演会・ワークショップの開催などは両国共通して実践されている。本節では、その中でも特色のある活動を3例紹介したい。

　中国の博物館界においても、MLA連携や学校教育との連携は志向されており、先述した沈の「博物館と館外機構協力の強化」の中でも必要性が述べられている（沈 2009）。同論の中で、中国における博学連携は学生が館内に訪れる形式が多く、館内でも「見る」ことが活動の中心であったとされる。また、アウトリーチ活動に関しては制度化・恒常化されていない館が多く、活動方式も簡単である点を指摘している。

　これに対し、四川省に所在する四川博物院が2009年に開始した「流动博物馆」活動は、中国国内でも特徴的な活動として例示できる。これは、トラックに博物館の資料を搭載し、毎月省内の各地を巡回して青少年に向けてのテーマ展示を実践するアウトリーチ活動で、日本では移動博物館の語で扱われる取り組みである。中国の国土は日本の30倍強、人口も13倍程度ある一方、現状における博物館数は日本とさほど変わらない。つまり、人口当たりの博物館数が極めて少ないのであり、また北京や上海などの大都市、省都等に博物館が集中する傾向が見られるこ

とからも（曹2009）、中国国民の博物館格差は極めて大きいものとなっている。四川博物院は、こういった博物館格差を解消し、博物館が少なくアクセスも難しい青少年の博物館利用のために移動博物館事業を開始したとされており（段2017）、僻地・遠隔地の青少年への教育機会の提供という面で中国国内でも先進的な事例である。

図5　西安半坡博物館の教育普及活動に関するパネル

　また、陝西省の西安半坡博物館は、日本の遺跡博物館と同様に低年齢層を対象とした教育普及活動を多く実践している（図5）。同館は、1953年に西安市郊外の半坡村で発見された中国最古の農耕遺跡である半坡遺跡の現地保存とその出土資料の展示を目的として、1958年に設置された中国初の遺跡博物館である。同館は、資料を展示する「基本陳列展庁」、企画展を開催する「補助陳列展庁」、遺跡保存区画、遺構保存区画に隣接する「史前工場」などから構成され、史前工場は主に子供を対象とした教育普及活動を開催するための区画である。同館の教育普及活動は、半坡遺跡の時代を体験することをコンセプトとし、土器の彩色、建物建築、火おこし、尖底土器での水汲み、昔の衣装の着装といった体験プログラムを用意している[8]。体験活動は30名以上としているが、これは学校あるいは地域コミュニティ単位での体験利用を想定していると考えられ、館内に掲示された写真を見る限り小学生程度を対象とした活動と判断される（落合・中島2020）。

　さらに、河北省の省級博物館である河北博物院は、中国の博物館の中でも教育普及活動が盛んな館である。同館は、教育普及活動を年間320回程度開催し、中でも毎週日曜日の9：30〜11：30に実施している講演会は、2014年の開館から2019年9月初頭の間に275回開催している[9]。

　また、夏休みなどの長期休暇期間には、博物院が企画する河北省下の博物館見学ツアーを実施している。これは、河北省在住の人々に博物館や地域の歴史について広く知ってもらうことを目的としたもので、とりもなおさず"地域"を意識した博物館活動の実践館として特徴的である（落合・中島 2020）。

　西安半坡博物館や河北博物院の教育普及活動は、劉、彭が「中国の博物館はどこに向かっているのか」で述べた今後望まれる教育普及のあり方や、沈が「豊富な博物館教育の内容と形式」として挙げた「特別講座」「研究授業とセミナー」「知的旅行」などの新しい教育活動に合致するものであり（沈 2009）、中国の博物館での教育普及活動の実践として先駆の事例であるといえよう。

　他にも、展示室内に配置した教育普及担当職員による来館者への実演・実験を交えた教育活動を実践する上海自然博物館や、特別展に合わせて染色体験講座を開催していた甘粛省博物館、展示室内で紹介している地元の伝統工芸作品を館内のショップで製作・販売し、来館者にもその製作体験ができるようなプログラムを設定する蘭州非物質文化博物館、簡易な拓本体験を実施していた上海歴史博物館など、複数の博物館で特色ある教育活動の実践例が確認でき、今後さらに増加するものと考えられる。

　一方、博物館で教育を担う人材と体制、さらにそれを内包する博物館に関する専門人材については、中国の博物館における課題であることを複数の研究者が論じている。例えば賈士金は、1987 年の「中国の博物館と博物館学」の中で、当時の中国の博物館・博物館学の問題点として「3. 人材の素質向上の必要性が大きい」と述べ（賈 1987）、先に挙げた沈の「博物館教育部門の建築最適化」では、博物館教育を担うスタッフを①陳列と展示品の制作グループ、②講義グループ、③連携グループの三部門に組織し、専門的な技能を有する人材およびシステムの構築を求めている（沈 2009）。次章では、中国の博物館における専門的人材について概観し、今後望まれる専門人材について考察する。

3　中国の博物館における専門的人材育成

　中国には、日本における「学芸員」に相当する資格が無いのが現状である。先述の管理規則および条例には、それぞれ博物館設立の条件として博物館の目的・規模・機能に合致した専門技術要員の配置が明記され、また条例第18条には「博物館の専門技術要員は、国の関係規定に基づいて専門技術資格の評価認定を行う」とあり、博物館の専門的な職員を置くことは規定されているものの、特定の資格を付与するような制度については記載されていない。また、第36条には、「博物館は、収蔵品の優位性を発揮し、関係する専門領域の理論および応用についての研究を展開し、業務水準を向上させ、<u>専門人材の成長を促進しなければならない。</u>（以下略、傍線筆者）」とあり、博物館における人材育成の必要性が規定されている。

　中国には博物館に関する専門的な資格は無いものの、大学における博物館・博物館学教育は実践されており、特に博物館学専門の学部・学科設置という面では日本以上に進展している。例えば、上海市に所在する復旦大学には文物博物館学系が設けられ、学科レベルでの博物館学教育が推進されている。また、同じ上海市の上海大学では、2020年度から大学院の博物館学関連教育を復活させ、順次学部レベルの博物館学教育課程を拡充することが計画されている[10]。

　中国の大学では、博物館学の独立した専攻は無いとされ、博物館と文化財の関係が極めて緊密であるとの理由から、「文物」と「博物館学」が組み合わさった「文博専業」のスタイルを採用していることが、研究者によって指摘されている（張2019）。中国の大学における博物館の専門人材育成は、中華民国時代の研究者によって既に提起され、実践されてきた。中国の博物館黎明期である第二次世界大戦以前における人材育成については、彭露が「萌芽期の中国博物館学の成果と評価について」の中で省察している（彭2019）。彭の論をまとめると、1936年開催の中国博物館協会第1回総会の時点で博物館専門人材の養成について議論が交わされ、中華民国教育部は博物館専門学校や大学での博物館学科課程の

設置を提案した。それを受けて、1941年に国立社会教育学院（現、蘇州大学）の「図書博物館学系」が設置され、これが中国の大学における博物館学関係学科の始まりとしている。また張哲は、「中国博物館関係法規の研究」の中で、日本の大学における博物館学課程の設置割合が全体の3割程度であるのに対し、中国の博物館学専攻を有している大学は全体の1％に過ぎない点を明らかにし、一方中国では博物館学だけでなく文化財関係の教育を合わせて実施することから、学習科目自体は日本よりも中国の大学の方が手厚い点を指摘している（張2019）。

また、博物館関係法規の策定に前後して、専門人材育成に関する方針がまとめられている。例えば中国文化省が、中国における公共文化サービスの拡充を目的に2013年に定めた「文化部"十二五"時期公共文化服務体系建設实施纲要」では、①全国美術館専門人材育成プロジェクトを展開して美術館の機能および管理水準の向上を目指す、②博物館・文化財専門職の養成を大学や研究機関に委託し、継続的な教育基盤を構築する、③専門的な養成講座の開催、国際交換留学の実施、国内外への専門人材の派遣・招聘に関する資金援助の実施から、分野ごとの美術館の専門人材を養成することなどが定められ、文化省の事業として推進されている[11]。

一方、人材育成の方針および歴史はあるものの、実際の博物館においては、研究部、陳列部、教育部、保管部などのセクションに分かれた分業制であり、組織が縦割りのため横の連携が全く見られないといった指摘もある（茂木2008）。また、研究部以外は大半が素人との指摘もあり、職員の採用制度および博物館専門職員の養成が今後の課題とされている。

以上のように、中国には日本のような専門職資格制度が無く、研究部以外の職員の資質の問題や組織の縦割り構造による連携不足という点が、博物館人材の現状である。また、中国の大学における博物館学専門の学部・学科は、博物館に関する知識・技術に加えて博物館で取り扱う文物に関する知識を教授する構造となっており、博物館の研究分野で活躍できる人材を育成することに関しては日本よりも先進的な面も存在す

る。しかし、中国の大学全体に占める博物館学関連学科の割合はわずか1％であり、急速に増加を続ける中国の博物館の現状に対して供給不足な感は否めない。加えて、専門技術資格の評価認定によって博物館の専門職員を採用する制度はあるものの、中国全土を通じて体系的な博物館学教育がなされているわけではなく、日本の学芸員資格のように最低限学ぶべき博物館に関する知識と技術を備えた人材育成になり得ていないことも、今後の課題である。

おわりに

　これまで、中国における博物館教育と専門人材の現状について概観したが、これからの中国の博物館には複数の課題が存在することが明らかとなった。特に博物館を担う人材の育成については、中国政府がその必要性を明示しているだけでなく、博物館関係者の中からも要望が出ていることも事実である。

　これらを踏まえ、今後中国の博物館に望まれる人材の要素として以下の3点が想定される。

①博物館経営に必要とされる人材

　現在の中国の博物館は、研究部、陳列部、教育部、保管部などのセクションに分かれた分業制であるが、研究部以外の専門性は必ずしも高くないとの指摘がある（茂木2008）。また于大方は、民営博物館が不十分な管理体制に置かれている現状を指摘し、専門人材の必要性を論じている（于2013）。これらの意見を含め、中国の博物館には博物館経営を担う専門的な人材が不足していると考えられる。ここでの経営とは、博物館の適切な管理運営のことであり、博物館の持つ諸機能をマネージメントできるだけの知識と経験を有する人材が必要と考える。中国の博物館はセクションごとの分業制であり、Curator、Educator、Conservatorなどに分業する欧米の博物館職員のスタイルと近似していることから、欧米における博物館の専門人材育成手法が参考になると思われる。

②多様な経験を持った人材

　中国には、5,000 館を超える博物館が存在するが、似通った博物館活動（「消極的展示」や共通する教育普及活動など）を実践する傾向にあることを中国の研究者も指摘している。一方、中国各地には特色のある活動を実践する館が少なからず存在しており、各館の活動は他館でも応用できるものが必ずあるはずである。かかる目的から、多様な博物館を知り、活動を体験した豊富な経験を持つ人材が必要である。本人材は、まず多様な博物館を訪問・研究することから始まり、博物館の実施事業に関する情報共有および協働を経て、博物館間での人材交流などを経て養成されると思われる。そのためには、博物館を統括する部署（各省の文物局など）内で人材交流制度を強化し、省下の博物館間の交流を促すと共に、各省間の連携を強化して省を跨いだ人材交流を可能とすることが有効である。また、交流の一環として人材交換（国内留学）制度を設け、一定期間他省下の博物館で勤務できるようにすることで、広範な視野や経験を有する人材の育成に効果があると推測される。

③国際的な視野を持った人材

　「文化部 "十二五" 時期公共文化服務体系建設実施綱要」に例示されているように、現在の中国の博物館には、国際的な視野を持って活躍できる人材が求められている。このためには、やはり実際に海外の事例を知る必要がある。中国の博物館の中には、長らく日本の博物館と交流する事例があり、例えば河北博物院と鳥取県立博物館は 1998 年から 20 余年にわたって交流し [12]、また甘粛省博物館と秋田県立博物館も平成 13 年度から「秋田県・甘粛省文化交流事業」の一環として交流を行っている（石井 2007）。これらの交流事業では、資料の相互貸借は勿論、人材交流として双方の専門職員がお互いの国を訪問し、相互理解を深めている。

　国際的な視野を持った人材育成には、博物館間の事業を強化して既存の人材の能力を涵養するほか、博物館に勤務する以前の段階から海外の経験を積むことも肝要であろう。博物館に勤務してからでは、通常業務との兼ね合いなど多様な理由から海外で経験を積むことは難しい。そこ

で、諸外国の機関と連携を
結んだ大学等による教育体
制を構築し、普段は中国国
内の博物館について学習す
ると共に、大学在学中に海
外の博物館・博物館学に触
れる機会を作ることで、博
物館に関する国際的な視野
を持った人材を育成するの
である。

図6　上海大学生の雲仙研修の様子

　例えば、筆者が取り組んでいる上海大学と長崎国際大学の博物館学交
流事業がある。これは、両大学および大学周辺の博物館において「博物
館学」に特化した研修を行い、日中の相互交流によって双方の大学生の
博物館学知識・技術の向上を目的に2016年に開始した事業である（落
合2017）。上海大学学生の訪日研修は、夏季に3週間の研修日程を設定
し、博物館概論・博物館資料保存論・博物館展示論・国立博物館論・日
本文化論・着物文化論・訪日観光論・地域デザイン論・古代オリエント
文明・経営学などの「講義」、学内での資料の取扱いを学ぶ「学内実習」、
茶道体験、着物体験、波佐見焼体験などの「体験学習」、九州域の博物
館見学や雲仙・平戸などの見学からなる「見学実習」（図6）を受講する
ことで、日本の博物館学の基礎を学ぶだけでなく、九州域の博物館およ
び文化遺産に関する見識を深め、また産業・食事・観光を通じて日本文
化を知るための研修としている。本研修は日中双方の学生への学習機会
の提供はもとより、未知の体験をすることによる驚きと発見の創出、国
際交流による語学力・コミュニケーション能力の涵養につながり、中に
は自身の将来を見直す契機として機能したことが、学生へのアンケート
からからも伺い知ることができる（中島・劉2019）。上海大学生の中には、
本研修に参加をした後、より深く日本で学びたいとの希望から日本の大
学院に進学した者が複数存在しており、参加学生への影響は少なくない

と思われる。また、当研修を継続することで、日中両国の学生の双方の国に対する印象の変化を促し、両国の博物館の現状把握および技術の取得から、より国際的な視野・経験に基づく博物館人材の育成に繋がると考えられる。

　しかし、本研修はあくまでも短期間の研修である。博物館で活躍できる国際的な人材育成には、本学の研修のような短期研修を切り口とし、希望者には最低でも半年間や一年間の留学を設定することで、諸外国の博物館・博物館学を体系的に学習することが有効である。例えば、博物館学専攻のコースを持つ大学・大学院同士の交換留学制度や単位互換制度の設定、博物館学専攻生の招聘研究員制度の拡充などが挙げられる。国際的な視野を持った博物館人材の育成のためには、早い段階からの海外学習による視野の拡大、知識・技術の向上が有効である。大学間連携による学生の相互育成体制を整えることができれば、中国だけでなく連携相手となる他国の学生の資質の向上にも寄与でき、将来的には全世界的な博物館学水準の向上も期待できよう。

　以上、雑駁ではあるが、中国における博物館教育と専門人材について論考した。中国文化省が提示した「文化部"十二五"時期公共文化服務体系建设实施纲要」には、大学や研究機関に専門人材養成を委託し、継続的な教育基盤を構築するとともに、専門的な養成講座の開催の開催が謳われている。中国の大学では、博物館学関連の学科が開設されている例も多いが、そこでの教育を強化・増補することで全体的な職員の質向上を目指すことも有効であろう。例えば、大学在学生を対象とする教育は、1～2年時は日本の学芸員課程の座学科目に代表される博物館の基礎科目を学習し、3～4年時は研究・教育・保存などの各分野に特化させた専修教育を施すことで、Curator、Educator、Conservator といった専門職を要請するというものである。また、研究部以外の専門性は必ずしも高くないといった指摘に対し、日本の「ミュージアム・エデュケーション研修」「ミュージアム・マネジメント研修」のような現役職員を対象とする実践的なリカレント教育を各大学で実践することで、既存職

員の資質の向上につながると考えられる。これに加え、一定の知識・技能を取得した人材には、その質保証の観点から特定の資格の付与も有効であり、中国版の学芸員資格あるいは博物館各部門の専門的資格の設定も考慮すべきであると筆者は考える。

　現在の中国の博物館は、建築や展示などハード面での発展が著しい傾向にあるが、研究者や学生などが積極的に諸外国を訪れ、優良な事例や取り組みを吸収していることも事実である。今後は、これら博物館研究の成果などから、ソフト面の発展も期待されるのである。

　註
（1）　中国国家文物局「国家文物局印发文化和旅游部、国家文物局领导在全国博物馆工作座谈会的讲话」http://www.sach.gov.cn/art/2019/2/22/art_722_153749.html（2019 年 11 月 12 日閲覧）
（2）　文部科学省「各国における「教育基本法」に相当する法律について」http://www.mext.go.jp/b_menu/kihon/data/004/d004_02.htm（2019 年 11 月 30 日閲覧）
（3）　全国人民代表大会「中华人民共和国科学技术普及法」http://www.npc.gov.cn/wxzl/wxzl/2002-07/10/content_297301.htm（2019 年 11 月 30 日閲覧）※筆者意訳
（4）　国立研究開発法人科学技術振興機構「中国科学技術館事業の発展と実践―中国科学技術館元館長 李象益教授インタビュー」https://spc.jst.go.jp/experiences/coverage/coverage_0901.html（2019 年 11 月 30 日閲覧）
（5）　百度百科「关于全国博物馆、纪念馆免费开放的通知」https://baike.baidu.com/item/%E5%85%B3%E4%BA%8E%E5%85%A8%E5%9B%BD%E5%8D%9A%E7%89%A9%E9%A6%86%E3%80%81%E7%BA%AA%E5%BF%B5%E9%A6%86%E5%85%8D%E8%B4%B9%E5%BC%80%E6%94%BE%E7%9A%84%E9%80%9A%E7%9F%A5/15884818（2019 年 12 月 9 日閲覧）※筆者意訳
（6）　旧来中国では、1905 年設立の南通博物苑が最古とされてきたが、尹侖「法国人記録的中国第一座博物館－雲南府博物館」（2017『雲南档案』2017 年 12 期）では 1901 年の雲南府博物館、「京師同文館博物館考略」（2014『故宮学刊』2014 年第 3 期）では 1876 年設立の京師同文館博物館が最古の博物館とされ、論争に決着がついていない。
（7）　本項で引用した鄭瑞「中国博物館小史」では「全国博物館事業会議」

としているが、彭露「中国博物館学の萌芽期に関する初歩的研究」などでは「全国博物館工作会議」の名称を使用しており、研究者によって使用する用語が異なる。本稿では、鄭の記述に基づき前者を使用している。
(8)　西安半坡博物館教育普及活動紹介パネルより意訳
(9)　河北博物院市民講座リーフレットより意訳、および同院の劉塔院長への聞き取り調査より
(10)　上海大学博物館職員への聞き取り調査より
(11)　「文化部关于印发《文化部"十二五"时期公共文化服务体系建设实施纲要》的通知」http://zwgk.mct.gov.cn/auto255/201301/t20130121_474074.html?keywords=（2019 年 12 月 9 日閲覧）※筆者意訳
(12)　鳥取県立博物館 HP「平成 30（2018）年【交流展】鳥取県立博物館・河北博物院交流 20 周年記念展」https://www.pref.tottori.lg.jp/281655.htm（2019 年 12 月 20 日閲覧）

引用・参考文献
【日本語】
青木　豊　2015『集客力を高める博物館展示論』雄山閣
家永真幸　2013「中国の「博物館」受容に関する初歩的検討」『東京医科歯科大学教養部研究紀要』第 43 号、27-42
石井志徳　2007「秋田県・甘粛省文化交流事業の報告」『秋田県立博物館研究報告』第 32 号、63-73
于　大方　2013「民営博物館発展への道のり―専門人材の必要性―」『國學院大學博物館學紀要』第 37 輯、國學院大學博物館学研究室、173-190
王　娟　2017「中国博物館論史」『博物館学史研究事典』雄山閣、394-398
王　寧　2008「中国の博物館が抱える三つの問題点」『平成 20 年度地域と共に歩む博物館育成事業　博物館支援策にかかる各国等比較調査研究アジア 9 ヵ国国際比較調査報告書』日本博物館協会、39-41
岡村志嘉子　2014「中国における博物館の現状」『平成 25 年度文部科学省委託事業 諸外国の博物館政策に関する調査研究報告書』日本博物館協会、45-48
岡村志嘉子　2015「中国の博物館条例」『外国の立法』264、国立国会図書館および立法考査局、129-135
落合知子　2017「学芸員養成課程のグローバル化における課題と展望―上海大学博物館学研修を事例として―」『國學院雑誌』第 118 巻第 11 号、國學院大學、19-33
落合知子、中島金太郎　2020「陝西省・甘粛省・ウイグル自治区の観光に

おける博物館活用の研究—中国陝西省・河南省・河北省における博物館の現状と観光活用—』『長崎国際大学論叢』第二十巻、長崎国際大学、33-46

落合広倫　2014「中華人民共和国における「博物館管理規則」」『國學院大學博物館學紀要』第 38 輯、國學院大學博物館学研究室、107-120

賈　士金　1987「中国の博物館と博物館学」『國學院大學博物館學紀要』第 12 輯、國學院大學博物館学研究室、1-6

曹　兵武著、西川芳樹訳　2009「(1) 博物館ブーム・博物館学・博物館文化—博物館発展のキーワードは博物館人—」『平成 20 年度文部科学省委託事業　地域と歩む博物館育成事業　博物館支援策にかかる各国等比較調査研究　アジア太平洋地域博物館国際交流調査報告書』株式会社文化環境研究所、242-250

沈　佳萍著、西川芳樹訳　2009「(4) 博物館教育機能の最適化分析」『平成 20 年度文部科学省委託事業 地域と歩む博物館育成事業　博物館支援策にかかる各国等比較調査研究 アジア太平洋地域博物館国際交流調査報告書』株式会社文化環境研究所、266-271

張　哲　2019「中国最古の博物館に関する一考察」『国史學』第 228 号、国史学会、103-134

鄭　瑞　2018「中国博物館小史」『Museum study 明治大学学芸員養成課程紀要』第 29 巻、明治大学学芸員養成課程、35-45

中島金太郎、劉　雲楓　2019「上海大学との連携事業による博物館学芸員課程の質的向上についての研究」『全博協研究紀要』第 20・21 合併号、全国大学博物館学講座協議会、53-64

彭　露　2019「中国博物館学の前夜と萌芽期における博物館学の展開について」「萌芽期の中国博物館学の成果と評価について」『中国博物館学序論』雄山閣、13-32、81-96

茂木雅博　2008「中国歴史系博物館の一断面」『平成 20 年度地域と共に歩む博物館育成事業　博物館支援策にかかる各国等比較調査研究　アジア 9 ヵ国国際比較調査報告書』日本博物館協会、42-45

吉田雅之　2009「中国の博物館の現状」『平成 20 年度文部科学省委託事業　地域と歩む博物館育成事業　博物館支援策にかかる各国等比較調査研究 アジア太平洋地域博物館国際交流調査報告書』株式会社文化環境研究所、10-14

劉　慶平、彭　建著、西川芳樹訳　2009「(3) 中国の博物館はどこに向かっているのか」『平成 20 年度文部科学省委託事業 地域と歩む博物館育成事業　博物館支援策にかかる各国等比較調査研究 アジア太平洋地域博物館国際交流調査報告書』株式会社文化環境研究所、257-26

【中国語】

段　勇　2017『当代中国博物馆』博书堂文化

梁　吉生　1988「論旧中国博物館事業的歴史意義」『中国博物館』1988年第2期、中国博物館学会、11

宋　伯胤　1983「張謇与南通博物苑―博物館史事与人物之二―」『博物館学』総第4期、8-12

宋　嫻　2017『博物馆与教育：目的、方法及成效』上海科技教育出版社

王　宏均　1994「博物馆与社区历史文化 兼论世界最早的博物馆和博物馆起源」『中国博物館』1994年第4期、45-47

郑　奕　2015『博物馆教育活动研究』復旦大學出版社

中国博物馆协会社会教育专业委员会　2018『中国博物馆青少年教育工作指南』文物出版社

中国国家統計局編　2013『中国統計年鑑2013』中国統計出版社

8 大韓民国における 博物館専門人材育成

三阪 一徳・金 想民

はじめに

　本章では大韓民国（以下「韓国」という）における博物館専門人材育成について議論する。そのため、まず韓国における博物館と学芸員に関する用語、博物館と関連法制度の歴史、博物館と学芸員に関する法制度の現状について整理した。そのうえで、筆者らの経験に基づき、大学と博物館における博物館専門人材育成の特徴や課題について議論した。

　韓国の事例を紹介することにより、東南アジアや日本をはじめ、世界各国の社会・文化・経済的背景に即した博物館専門人材育成のあり方を検討するための素材を提供できればと考えている。

1　博物館と学芸員に関する用語の整理

　博物館と学芸員の規定や概念は国によって異なり、隣国である韓国と日本においても同様である。現在の韓国における博物館と学芸員に関わる用語について整理しておく。

(1)　博物館

　日本の「博物館法」では、博物館の種別は明示されていないが、社会教育調査の区分に基づくと、実際には総合博物館・科学博物館・歴史博物館・美術博物館・野外博物館・動物園・植物園・水族館等の多様な施設が博物館として登録されている（文部科学省 online : 011.htm）。

　これに対し、韓国では「博物館」と「美術館」は文化体育観光部が所管し、「博物館及び美術館振興法」によって規定される。「科学館」は科学技術情報通信部が所管し、「科学館の設立・運営及び育成に関する法律」によって規定される。「動物園」と「水族館」は環境部と海洋水産部が所管し、「動物園及び水族館の管理に関する法律」[1]によって規定される。このように韓国では博物館関連施設の所管や法令が分化している。この点に関し、博物館間や省庁間で問題を生じさせることがあり、法令間にも矛盾や重複を生じさせているとのアンケート結果もある（日本博物館協会編 2014）。

　本稿では、韓国における法令上の博物館と美術館を対象とし、このうち博物館を中心に議論を進めたい。

（2）学芸員

　日本の博物館法上の学芸員は、韓国の博物館及び美術館振興法上の「学芸士」に相当する。また、法令上の資格名称は学芸士であるが、現在の国立博物館における役職名は「学芸研究士」とされている。公立・私立博物館での役職名は学芸士とされる場合もあるが、近年は学芸研究士という呼称が主流になりつつある。

　本稿では法令上の資格名称に従い、基本的に学芸士という用語を用いることとする。

2　博物館と関連法制度の歴史

　博物館専門人材育成を検討するにあたり、李蘭瑛（Lee 1986）、朴燦一と宮崎清（朴・宮崎 1998）、長畑実（長畑 2009）、金賢貞（金 2019）の論考および各博物館のウェブページを参照し、韓国の博物館と関連法制度に関する歴史を概観しておく。

（1）近代博物館の成立と日本の植民地支配

　韓国の近代的な博物館は、大日本帝国による朝鮮半島の植民地支配

期を前後する複雑な社会・政治的背景のなかで成立している。韓国最初の近代的な博物館の成立は、1908年に李王朝が昌慶宮内に設置し、翌1909年に一般公開された帝室博物館と評価されることが多い（Lee 1986）。ただし、1905年には第2次日韓協約が締結され、韓国統監府が設置された。帝室博物館の設立期は、朝鮮王朝の外交権や軍事権が日本の支配下に置かれはじめた状況であった点から、その設立に日本が関与した可能性を考慮する必要があると指摘される（全1999）。その後、1910年8月の「韓国併合に関する条約」以降、日本の植民地支配が本格化した状況下で、1915年、景福宮に朝鮮総督府博物館が設立された。なお、帝室博物館は1911年に李王家博物館、1938年に李王家美術館、1946年に徳寿宮美術館に改編され、1969年に国立博物館に統合される（国立中央博物館 online：history_1945）。

　日本統治時代には、地方にも相次いで博物館が設置されていった。慶州では新羅の文化財の保存を目的とする慶州古跡保存会が、1913年に陳列館を開館した。扶餘では百済の文化財保存を目的とする扶餘古跡保存会により、1929年に百済館が開館された。公州でも同様に百済の文化財保存を目的とする公州古跡保存会・公州史蹟顕彰会を母体とし、1940年に公州博物館が開館した。現在の北朝鮮の領域内には、1931年に開城府立博物館、平壌府立博物館が設置されている。なお、慶州の陳列館は1926年に朝鮮総督府博物館慶州分館、扶餘の百済館は1939年に朝鮮総督府博物館扶餘分館に改編されるなど、地方博物館は朝鮮総督府博物館の分館体制に再編されていく（朴・宮崎1998、金2019、国立慶州博物館 online：1001.html、国立公州博物館 online：010402.html、国立扶餘博物館 online：박물관 소개）。

　これらの地方博物館は、地域住民の要望や自発的活動によって設立されたとみる見解がある（朴・宮崎1998）。ただし、各地域の保存会等には日本人が含まれており、博物館の設立背景に彼らの政治的立場が存在した可能性もある。よって、純粋に地域住民の自発的活動と評価するには注意を要するという指摘がある（金2019）。

　大学博物館は1934年の普成専門学校（現・高麗大学校）への博物館設

置に始まり、1941年には京城帝国大学（現・ソウル大学校）に展示館が開設された。最初の私立博物館は、澗松・全鎣弼が1938年にソウルに開館した葆華閣とされており、1971年に澗松美術館に改称されている（長畑2009、澗松美術文化財団 online：museum_info）。また、1927年、南山倭城台にあった旧朝鮮総督府の建物に、初の科学博物館が開館した（朴・宮崎1998）。

つぎに、当該期の博物館関連の法制度を概観しておく。東京帝国大学工科大学の関野貞による1902年の「韓国建築調査」を契機とし、1907年に当時の大韓帝国政府による「朝鮮古蹟調査」が開始された。これにより、博物館開設や関係法令制定等、文化財保護に関する様々なシステムが整備され始めたと考えられている（大橋2004）。以降、1916年に「古蹟及遺物保存規則」（朝鮮総督府令第52号）が制定され、1933年に「朝鮮寶物古蹟名勝天然記念物保存令」（朝鮮総督府制令第6号）が制定されるなど、日本統治下で文化財保護政策が展開されてゆく（大橋2004）。

（2）解放以降の博物館と関連法制度

1945年、日本の敗戦によって解放（光復）を迎えるが、直後の1950年には朝鮮戦争が開戦し、1953年の休戦に至るまで、再度の混乱を経験する。このような状況下、朝鮮総督府博物館は国立博物館へと改編され、慶州分館、扶餘分館、公州分館は国立博物館の分館となった。1946年には国立民族博物館と、初の公立博物館である仁川市立博物館が開館した（金2019、仁川市立博物館 online：MU010602）。

当該期の博物館関連法制度をみると、李承晩政権（1948〜1960年）下の1952年、「文化保護法」（法律第248号）が制定されている。なお、1962年の「文化財保護法」（法律第961号）制定まで、基本的な文化財保護政策は朝鮮寶物古蹟名勝天然記念物保存令が継承されたという（大橋2004）。また、この文化財保護法（法律第961号）については、制定に2か月弱の準備期間しかなく、結果的に日本の「文化財保護法」（法律第214号）の強い影響を受けたものとなる。これ以降、同法は改正を重ね、次第に日本モデルから脱却し、独自の特色あるシステムへと展開したと考えられる（大橋2004）。

文化政策の転換点として注目されているのは、朴正熙政権（1963～1979年）下において、1972年に制定された「文化芸術振興法」（法律第2337号）である。以降、「第1次文芸中興5か年計画」（1974～1978年）が策定され、「伝統文化の開発」、「芸術振興」、「大衆文化の暢達」、「芸術振興の機運の造成」が目標として掲げられた（朴・宮崎1998、金2019）。これにより、1975年に国立博物館慶州分館が国立慶州博物館に分離され、建物が新築されるとともに（国立慶州博物館online：1001.html）、同年に景福宮内に韓国民俗博物館が開館した（国立民俗博物館online：196.do）。

（3）博物館関連法の制定と博物館の動向

　1984年に韓国で初となる「博物館法」（法律第3775号）が制定され、その後7年間存続する。そして、1991年には現行法である博物館及び美術館振興法（法律第4410号）が制定された。博物館法では公立博物館と法人による私立博物館のみを対象としたのに対し、博物館及び美術館振興法では国立博物館と個人による私立博物館が対象に加えられた（金2019）。

　2019年12月現在、博物館及び美術館振興法は14回の改正が加えられている。このうち、最も大きな変化がみられたのは1999年の全面改定（法律第5928号）である（植野2005、金2019）。とくに、「文化享受（有）の増進」という文言が追加された点（第1条）や、大学博物館が対象に加えられた点（第3条）などが特筆されている（金2019）。

　公立博物館の数をみると、1984年の博物館法制定前には6館のみであったが、2000年代以降急増し、2018年1月時点で349館となっている。その背景には、文化享受（有）権の考え方の進展と、地方経済衰退に対する地方政府の対策があるという（金2019）。

　2004年10月、「博物館と無形文化財」をテーマとする、第20回ICOM（国際博物館会議）ソウル大会が開催された。ICOM初のアジアでの大会であり、韓国博物館界にとってもエポックメイキングな事項であった（五月女2014）。そして、本大会は韓国における博物館活動の多様化を促したと評価されている（長畑2008）。翌2005年、国立中央博物館は

景福宮（現・国立古宮博物館）から龍山に新築移転され、世界有数の規模をもつ博物館として開館を迎えた（国立中央博物館 online：history_1945）。なお、近年の文化政策の動向については、閔鎭京（2019）の論考に詳しい。

3 博物館と学芸員に関する法制度の現状

　現行の博物館及び美術館振興法（以下「法」という）、「博物館及び美術館振興法施行令」（以下「施行令」という）[2]を参照し、博物館・美術館の定義や学芸士の資格制度について確認する。

(1) 博物館と美術館の定義

　下に博物館と美術館の定義に関連する法および施行令を掲げた。本法の目的は第1条の通りである。本法では博物館と美術館を区分している点が特徴である。

　法第2条と施行令第1条の2に、「博物館」、「美術館」及び「博物館資料」、「美術館資料」の定義が定められている。法第2条によると、美術館は「博物館のなかでとくに」「美術に関する資料を」「収集・管理・保存・調査・研究・展示・教育する施設をいう」とある。また、博物館資料は「人間と環境の有形的・無形的証拠物件」と多様な資料を包括するのに対し、美術館資料は「芸術に関する資料」に限定される。なお、博物館は「文化・芸術・学問の発展と一般公衆の文化享有及び生涯教育の増進に資するため」と記されているのに対し、美術館は同文から「学問」という文言が除かれており、博物館の方がより学問的側面が重視されている印象を受ける。ただし、博物館資料と美術館資料の定義にはともに、「学問的・芸術的価値がある資料」という文言が含まれている。

　同法の条文から、美術館は博物館の一つであると読みとることも可能であろう。法令上、博物館と美術館が区分された背景は興味深いところではあるが、本稿では取り扱わない。

　法第3条では、博物館と美術館は設立・運営主体によって、それぞれ国立・公立・私立・大学の4種に区分される。なお、1999年の全面改

定（法律第5928号）により、大学博物館・大学美術館と、法第5条に示される多様な文化施設が博物館・美術館の対象に加えられた（金2019）[3]。

　法第4条に示された博物館と美術館の主な事業内容は、博物館資料及び美術館資料に関する収集・管理・保存・展示・調査・研究・教育等であり、この点は日本の博物館法とほぼ同様である。

博物館及び美術館振興法

　第1条（目的）　この法は博物館と美術館の設立と運営に必要な事項を規定し、博物館と美術館を健全に育成することにより、文化・芸術・学問の発展と一般公衆の文化享有及び生涯教育の増進に資することを目的とする。〈改正2016.2.3〉

　第2条（定義）　この法において使用する用語の意味は次の通りである。〈改正2007.7.27、2009.3.5、2016.2.3〉

1. 「博物館」とは文化・芸術・学問の発展と一般公衆の文化享有及び生涯教育の増進に資するため、歴史・考古・人類・民俗・芸術・動物・植物・鉱物・科学・技術・産業等に関する資料を収集・管理・保存・調査・研究・展示・教育する施設をいう。

2. 「美術館」とは文化・芸術の発展と一般公衆の文化享有及び生涯教育の増進に資するため、博物館のなかでとくに書画・彫刻・工芸・建築・写真等、美術に関する資料を収集・管理・保存・調査・研究・展示・教育する施設をいう。

3. 「博物館資料」とは博物館が収集・管理・保存・調査・研究・展示する歴史・考古・人類・民俗・芸術・動物・植物・鉱物・科学・技術・産業等に関する人間と環境の有形的・無形的証拠物件として学問的・芸術的価値がある資料のうち、大統領令で定める基準に合致するものをいう。

4. 「美術館資料」とは美術館が収集・管理・保存・調査・研究・展示する芸術に関する資料として学問的・芸術的価値がある資料をいう。

第3条（博物館・美術館の区分）　①博物館をその設立・運営主体によって次のように区分する。

1. 国立博物館：国家が設立・運営する博物館

2. 公立博物館：地方自治団体が設立・運営する博物館

3. 私立博物館：「民法」、「商法」、その他の特別法によって設立された法人・団体または個人が設立・運営する博物館

4. 大学博物館：「高等教育法」によって設立された学校や、他の法律によって設立された大学教育課程の教育機関が設立・運営する博物館

②美術館をその設立・運営主体によって国立美術館、公立美術館、私立美術館、大学美術館に区分し、その設立・運営の主体に関しては第1項各号を準用する。

第4条（事業）　①博物館は、次の各号の事業を遂行する。〈改正 2007.7.27、2016.2.3〉

1. 博物館資料の収集・管理・保存・展示

2. 博物館資料に関する教育及び専門的・学術的な調査・研究

3. 博物館資料の保存と展示等に関する技術的な調査・研究

4. 博物館の資料に関する講演会・講習会・映写会・研究会・展覧会・展示会・発表会・鑑賞会・探査会・踏査等各種行事の開催

5. 博物館資料に関する複製と各種刊行物の制作と配布

6. 国内外の他の博物館及び美術館との博物館資料・美術館資料・刊行物・プログラムと情報の交換、博物館・美術館学芸士の交流等の有機的な協力

6の2. 生涯教育関連行事の主催または奨励

7. その他の博物館の設立目的を達成するために必要な事業等

②美術館事業に関しては、第1項を準用する。この場合、第1号から第5号までの規定の「博物館資料」を「美術館資料」とし、第6号及び第7号の規定の「博物館」を「美術館」とする。

第5条（適用範囲）　この法は資料館、史料館、遺物館、展示場、展

示館、郷土館、教育館、文書館、記念館、保存所、民俗館、民俗村、文化館、芸術館、文化の家、野外展示公園及びこれと類する名称と機能をもつ文化施設のうち、大統領令で定めるところに従い、文化体育観光部長官が認定する施設についても適用する。ただし、他の法律により登録した施設は除外する。〈改正 2008.2.29、2009.3.5〉

博物館及び美術館振興法施行令

第1条の2（博物館資料の基準）　博物館及び美術館振興法（以下「法」という）第2条第3号で「大統領令で定める基準」とは次の各号の通りである。

1. 博物館の設立目的の達成と法第4条の事業遂行のために、保存または活用が可能な証拠物であること。
2. 無形的証拠物の場合、符号・文字・音声・音響・映像等で表現された資料や情報であること。

第2条（文化施設の認定）　①文化体育観光部長官が法第5条に従って、法が適用される文化施設を認定するには、法第4条第1項各号による事業を遂行する目的で設置・運営される動物園や植物園または水族館のなかから認定しなければならない。〈改正 2008.2.29、2009.6.4〉

②文化体育観光部長官は、第1項に従い法の適用を受ける文化施設を認定するにあたり、「文化財保護法」による文化財委員会の意見を聞くことができる。〈改正 2008.2.29〉

（2）学芸員の資格制度

　韓国の学芸員資格制度については、すでに日本博物館協会がその概要を日本語で紹介している（日本博物館協会編 2014）。下に関連する具体的な法および施行令の原文の日本語訳を掲げた。本稿では、これらを参照しつつ、韓国の学芸員資格制度について少し詳しくみておきたい。

　法第 6 条、施行令第 3 条及び別表 1 によると、学芸士は「1 級正学芸士」、「2 級正学芸士」、「3 級正学芸士」、「準学芸士」の 4 つに区分される。いずれの資格も「経歴認定対象機関」での実務経験を要する点が特徴である。準学芸士になるには、「準学芸士試験」の合格と実務経験を要する。準学芸士試験は年 1 回実施され、共通科目である博物館学と外国語 1 科目、選択科目である専門分野 2 科目、計 4 科目の受験が求められる。なお、博士・修士の学位を有する場合は、準学芸士試験を受験する必要はなく、規定された実務経験年数を満たせば 3 級正学芸士になることができる。

　経歴認定対象機関とは、国公立博物館、国公立美術館、博物館・美術館学芸士の運営委員会が登録された私立博物館・私立美術館・大学博物館・大学美術館、外国の博物館等の機関のうち人材・施設・資料の管理実態及び業務実績に対する専門家の実査を経て認定された機関をさす。

博物館及び美術館振興法

第 6 条（博物館・美術館学芸士）　①博物館と美術館は大統領令により定めるところに従って、第 4 条による博物館・美術館事業を担当する博物館・美術館学芸士（以下「学芸士」という）を置くことができる。
②学芸士は、1 級正学芸士、2 級正学芸士、3 級正学芸士及び準学芸士に区分し、この資格制度の実施方法と手続き等に必要な事項は大統領令で定める。
③第 2 項による学芸士資格を取得しようとする者は、学芸士業務の遂行と関連した実務経歴等、大統領令で定める資格要件を備え、文化体育観光部長官に資格要件の審査と資格証の発行を申請しなければならない。この場合、準学芸士資格を取得しようとする者は、文化体育観光部長官が実施する準学芸士試験に合格しなければならない。〈新設 2013.12.30〉
④第 3 項による準学芸士試験を受験しようとする者は、文化体育観光部令に定めるところに従い受験手数料を納付しなければならな

い。〈新設 2013.12.30〉

⑤学芸士は、国際博物館協議会（ICOM）の倫理綱領と国際協約を守らなければならない。〈改正 2013.12.30〉

博物館及び美術館振興法施行令

第 3 条（学芸士の資格要件等）　①法第 6 条第 3 項前段による博物館・美術館学芸士（以下「学芸士」という）の資格要件は、別表 1 の通りである。〈改正 2014.8.12〉

②文化体育観光部長官は、申請者の資格要件を審査した後、別表 1 の資格要件を備えた者には資格証を発給しなければならない。〈改正 2008.2.29〉

③学芸員の資格要件の審査、資格証の発給申請と発給等に必要な事項は、文化体育観光部令により定める。〈改正 2008.2.29〉

第 4 条（準学芸士試験）　①法第 6 条第 3 項後段による準学芸士試験は年 1 回実施することを原則とする。〈改正 2008.2.29、2009.1.14、2014.8.12〉

②文化体育観光部長官は、第 1 項による準学芸士試験を実施する際には、準学芸士試験の実施日時及び場所を試験実施日 90 日前までに公告しなければならない。〈新設 2012.5.1〉

③第 1 項による準学芸士試験の方法は筆記試験により、共通科目は客観式、選択科目は主観式で実施する。〈改正 2012.5.1〉

④準学芸士の試験科目は、次の各号の通りである。〈改正 2012.5.1、2016.11.29〉

1. 共通科目：博物館学及び外国語（英語・フランス語・ドイツ語・日本語・中国語・漢文・スペイン語・ロシア語及びイタリア語のなかから 1 科目選択）。ただし、外国語科目は、別表 1 の 2 による外国語能力検定試験に代替できる。

2. 選択科目：考古学・美術史学・芸術学・民俗学・書誌学・韓国史・人類学・自然史・科学史・文化史・保存科学・展示企画論

　　及び文学史のうち2科目選択。

　　⑤準学芸士試験は各科目（第4項第1号の但し書きに従い外国語科目を外国語能力検定試験に代替する場合には、該当科目は除外する）100点満点を基準として各科目40点以上と全科目平均60点以上を得点した者を合格者とする。〈改正 2012.5.1、2016.11.29〉

　　⑥準学芸士試験の受験願書提出と合格証発給、その他の試験を実施するのに必要な事項は、文化体育観光部令により定める。〈改正 2008.2.29、2012.5.1〉

表1　博物館及び美術館振興法施行令［別表1］〈改正 2017.8.16〉：学芸士等級別の資格要件（第3条関連）

等　級	資格要件
1級正学芸士	2級正学芸士の資格を取得した後、次の各号の機関（以下「経歴認定対象機関」とする）における在職経歴が7年以上の者 1. 国公立博物館 2. 国公立美術館 3. 削除〈2015.10.6〉 4. 削除〈2015.10.6.〉 5. 削除〈2015.10.6.〉 6. 博物館・美術館学芸士の運営委員会が登録された私立博物館・私立美術館、登録された大学博物館・大学美術館、外国の博物館等の機関のうち人材・施設・資料の管理実態及び業務実績に対する専門家の実査を経て認定された機関
2級正学芸士	3級正学芸士の資格を取得した後、経歴認定対象機関での在職経歴が5年以上の者
3級正学芸士	1. 博士号取得者で、経歴認定対象機関での実務経験が1年以上である者 2. 修士号取得者で、経歴認定対象機関での実務経験が2年以上である者 3. 準学芸士資格を取得した後、経歴認定対象機関での在職経歴が4年以上である者
準学芸士	1.「高等教育法」による学士学位以上を取得（法令に基づき、これと同じ水準以上と認められる学歴を取得した場合を含む）し、準学芸士試験に合格した者で、経歴認定対象機関での実務経験が1年以上の者 2.「高等教育法」による3年制専門学士学位を取得（法令に基づき、これと同じ水準と認められる学歴を取得した場合を含む）し、準学芸士試験に合格した者で、経歴認定対象機関での実務経験が2年以上の者 3.「高等教育法」による2年制専門学士学位を取得（法令に基づき、これと同じ水準で認められる学歴を取得した場合を含む）し、準学芸士試験に合格した者で、経歴認定対象機関での実務経験が3年以上の者 4. 第1号から第3号までの規定による学士または専門学士学位を取得せず、準学芸士試験に合格した者で、経歴認定対象機関での実務経験が5年以上の者

※備考
1. 削除〈2009.1.14〉
2. 実務経歴は在職経歴・実習経験及び実務研修課程の履修経歴等を含む。
3. 登録された博物館・美術館で学芸士として在職した経歴は、経歴認定対象機関であるかに関わらず、在職経歴として認められる。

第5条（学芸士の運営委員会）　文化体育観光部長官は、第3条による学芸士の資格要件の審査やその他の学芸士資格制度の施行に必要な事項を審議するために、その所属として博物館・美術館学芸士運営委員会を構成し運営することができる。〈改正 2008.2.29〉

(3) 韓国の学芸員資格制度の特徴：日本との比較から

　上に示した韓国の学芸員資格制度の特徴を知るため、ここでは日本の学芸員資格制度との比較を行った。

　日本の博物館法では、学芸員に関する資格は「学芸員」と「学芸員補」の2種で、学芸員に等級は定められていない。そして、同法第5条により、学芸員の資格要件として次の3つが規定されている。①学士の学位を有し、大学で文部科学省令の定める博物館に関する科目の単位を修得した者。②大学に2年以上在学し、博物館に関する科目の単位を含めて62単位以上を修得した者で、3年以上学芸員補の職にあった者。③文部科学大臣が文部科学省令で定めるところにより、上の2つにあげた者と同等以上の学力及び経験を有すると認めた者（学芸員資格認定を合格した者）。

　「学芸員資格認定」は、「試験認定」と「審査認定」がある。試験認定については、博物館学に関する必須科目8科目と、専門分野に関する選択科目2科目の計10科目の筆記試験に合格した者に「筆記試験合格証書」が授与され、さらに合格後1年間の学芸員補の職の経験を経て、学芸員資格が授与される。審査認定については、博物館に関する学識と業績に関する書類審査と面接により資格認定が行われる。また、学芸員補の資格については同法第6条に記されている。これによると、学校教育法の規定により大学に入学することのできる者は、学芸員補となる資格を有すると定められており、資格試験等の特別な資格要件はない。

　日本の場合、大学での「博物館に関する科目」の単位修得と学士の学位という要件を満たせば、実務経験なしで学芸員資格を取得することができる。これに対し、韓国では準学芸士、正学芸士とも資格取得において実務経験を要する。資格試験は日韓ともに博物館学と専門科目が設定

されているが、韓国ではさらに外国語 1 科目を要する。資格試験の免除については、日本では学士の学位か 2 年以上の大学在学期間が求められるのに対し、韓国では修士・博士の学位という高い学歴を要する。逆に韓国では大学での博物館関連科目の単位修得は必要とされない。以上が日韓の学芸員資格制度にみられる相違点である。

なお、国立博物館や公立博物館の学芸士となるには、準学芸士試験や実務経験といった資格要件とは別に、国家公務員試験や地方公務員試験に合格し、その職員となる必要がある。この点に関しては日本でも同様である。

(4) 博物館と学芸員の現状

文化体育観光部は、「全国の文化基盤施設に対する各種情報を提供することにより、利用者の文化享受の機会を拡大し、究極的に国民の文化基本権を伸張させるため」、2003 年から『全国文化基盤施設総覧』を刊行している。なお、「文化基盤施設」とは「図書館法上の図書館、博物館及び美術館振興法上の博物館・美術館、文芸会館（従来の文化芸術振興法上の文化芸術会館）及び地方文化院振興法上の地方文化院、文化の家等」をさす。

ここでは 2019 年の『全国文化基盤施設総覧』（문화체육관광부 편 2019）を参照し、2019 年 1 月現在の韓国の博物館・美術館の現状について概観する。博物館は 881 館（国公立 416 館、私立 363 館、大学 102 館）、美術館は 258 館（国公立 72 館、私立 172 館、大学 14 館）とされる。現在、国立博物館は 50 館ある。これに対し、国立美術館は国立現代美術館の 1 館のみであるが、果川館、ソウル館、徳寿宮館、清州館の 4 分館に分かれ、館ごとにテーマが設定・集約されている。2012 年から 2019 年の博物館・美術館の増減をみると、博物館は 694 館から 881 館、美術館は 154 館から 258 館とともに増加している。

博物館は、職員数 9,250 人、専門職員数 3,009 人、1 館あたりの職員数 10.50 人、専門職比率 32.5 ％ である。美術館は、職員数 2,302 人、専

門職員数 826 人、1 館あたりの職員数 8.92 人、専門職比率 35.9% である。また、人口 100 万人当たりの文化施設数は、博物館 17.06 館、美術館 5.00 館となっている。

4　博物館専門人材育成の現状

(1) 博物館学芸士の現状と特徴

　一般に、博物館や美術館の実務担当者を業務別に区分する場合、curator（学芸員）、archivist（デジタルデータ管理者）、conservator（保存技術者）、educator（教育担当者）などがある。韓国の場合は、博物館及び関連施設内で資料の収集、管理、保存、調査、研究、展示、教育等の実務を担当する人員を一括して、学芸士または学芸研究士と称している。これに加え、韓国では文化財・文化遺産に関連する業務の担当者をさす職級の一つとして、学芸士／学芸研究士が存在する。実際に、文化財の調査及び研究に重点を置く国立文化財研究所の調査研究担当者や、道市郡単位の地方自治体の文化財行政担当者を含めて学芸士／学芸研究士と呼んでいる。

　これは 1990 年代後半の文化財保護法の整備に伴い、埋蔵文化財の発掘調査が増加し、埋蔵文化財を中心とした関連制度と規定が策定されたことにより生じた現象と考えられる。埋蔵文化財調査の許可主体である文化財庁と地方自治体、文化財（遺物）の管理主体である国立博物館担当者の相互の協力関係のなかで、関連文化財及び文化遺産に関わる専門人材の業務が分化していった。こういった状況の下、同じ職級内で業務が効率的に進められるよう、学芸士／学芸研究士という職級に統一されたと考えられる。

　ここでは、文化財を中心とした博物館資料の管理という観点から、韓国の学芸士制度のうち、博物館学芸士の教育事例について検討したい。まず、大学における博物館専門人材育成がどのように行われ、学芸士という専門人材を育成するためにどのような方法が講じられているのかについて検討する。つぎに、国立博物館を中心とした博物館における専門

人材教育システムとその水準について検討したい。

(2) 大学における博物館専門人材育成

　韓国の考古学、人類学、歴史学、文化遺産に関連する学科の多くで博物館学の講義が開講されている。また、上記の関連学科ではなくとも、教養科目の一つとして、博物館学や文化財と文化コンテンツに関する科目が開講されている。しかしながら、教科科目[4]として開設される博物館学について、博物館の実務的な観点からみた場合、どの程度効率性を有しているかについては疑問が残る。韓国の大学で実施されている博物館専門人材育成は、以下の2つの類型が存在する。

　一つ目は、学問としての博物館学という観点から、博物館の歴史、理論、法令、方向等を学ぶものである。そこでは博物館と美術館の見学が実施されるが、その内容は国内における展示の水準を知る程度である。これらの教育においては、空間の美学的な部分が強調され、たとえば資料の歴史的価値を知るための展示というよりも、作品としての展示が志向される。また、博物館学関連学科[5]を除き、学士課程で開講される博物館学関連科目は1科目のみである場合が多く、実務を主体とした踏み込んだ教育は行われない。なお、社会人や一般成人を対象とする特殊大学院では、博物館学関連の講義が多く開設されている。ただし、特殊大学院は、学士課程と連携した専門家教育・育成のための一般大学院や専門大学院とはやや性質が異なる（윤 2003、p.728）。

　二つ目は、博物館学という学問的アプローチよりも、埋蔵文化財の発掘許可から文化財登録、展示、研究、教育という文化財行政を包括した博物館専門人材育成が実践される事例である。博物館に現職として勤務しているか、勤務経験がある考古学者によって実施されている。展示の概念についても、美しさの観点よりも、資料の安全性や展示の効率性が強調される傾向がある。この事例は考古学専攻の教員が在籍する学科に多い。

　つまり、上記2類型の教育は、西洋で学問の一つとして存立する博物

館学そのものに関する教育と、埋蔵文化財を中心とした文化財行政と博物館専門人材育成を並行させた実務教育に区分できる。これは担当教員の性向による教授法の違いといえ、近年は実務中心の博物館専門人材育成に置き変わりつつある傾向がみられる。

　近年、大学では前述の実務中心の博物館専門人材育成に加え、学芸士の採用を目的とした教育も実施されている。まだ正式な科目として編成されているわけではないが、いくつかの大学では非教科課程の一つとして、いわゆる「学芸研究士班」が運営されている。そこでは学士課程3・4年生と大学院生を中心に、学芸士の採用学習班が編成される。そして、学生自身が目標とする国立博物館や国立文化財研究所等の中央職の学芸士や、地方自治体の地方職の学芸士への採用に向け、それぞれに対応した公務員試験の準備を行う課程が運営されている。担当教員は定期的に考古学、韓国史、世界史等、試験科目の練習問題を提供し、達成度を評価するといった過程を反復させる。近年、学芸研究士班を運営する大学の学科において、学芸士の採用率及び準学芸士の資格取得率が注目されている。今後、非教科課程の一つとして、大学教員が運営・管理する学芸研究士班が増加していくと見込まれる。

　一方で、非教科科目の活性化は各学部の教科課程の不備につながりかねず、考古学、人類学、美術史学、歴史学等の人文系基礎学問に関する本来の教育的役割を減少させかねないという懸念もある。また、学芸士の採用条件の一つに修士の学位が必要となる。修士論文についても、完成度や学問的水準の高さが要求または評価されず、一定の水準を満たせば修士の学位の授与が容認される傾向もある。こういった状況から、現在の学生のなかには、関連学科の修士の学位という条件を備え、博物館の採用試験さえ受かれば、学芸士になれるという認識も存在している。大学の博物館専門人材育成の実践によって、学芸士資格取得を推進する一方で、博物館学及び文化財関連の修士の学位のレベルが低くなったという指摘は否定できず、理想的な専門人材育成が達成されている状況であると評価することは難しい。

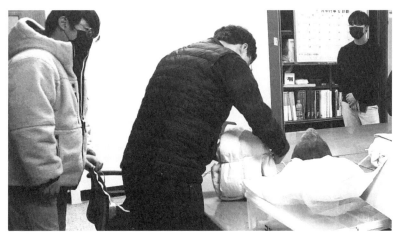

図1　木浦大学校における博物館専門人材育成に関する実務実習（学内での梱包）

図2　木浦大学校における博物館専門人材育成に関する実務実習
（国立光州博物館での博物館資料の計測）

（3）博物館における博物館専門人材育成

　上述のように、学芸士採用試験への対応を主目的とした大学の博物館専門人材育成の体系が存在する。他方、国公立博物館の学芸士は採用後、通常1・2年の博物館業務への適応過程を経る。実際の博物館業務の遂行と経験のなかで、自ら知識や技術を体得することが多い。また、同じ業務を担当していた前任者や、関連機関の担当者との交流などを通じ、間接的に知識や技術を得る機会もある。こういった経験値などにより、博物館学芸士の水準は千差万別であり、とくに機関をまたいで共同で業務を実施する場合は、その効率が低くならざるをえない。同様の問題点が国立博物館内においても指摘されたことを受け、国立中央博物館が中心となり、総合的な教育が実施されるようになった。

　まず、国立中央博物館で新規採用された学芸士を対象に、業務全般に関する実務教育が2週間程度実施される。各部署の主要業務の紹介をはじめ、所蔵品の管理、収蔵庫への出入り方法、保存処理の依頼に関する協議、展示品のコンディションを確認し陳列する方法、所蔵品を梱包し安全に運送する方法等について教育される。本教育のために「国立博物館業務便覧」が制作され、また業務マニュアルとしても活用されている。

　とくに国立博物館では、博物館資料の管理に関する学芸士の内部教育が重点的に行われている。新規採用された学芸士を対象に、博物館資料の取り扱いや管理の方法等に関する反復的な学習が厳格に実施される。また、2週間程度の新規者教育だけでなく、10年次以下の学芸士に対しても、所蔵品の梱包や展示品の設置などに関する教育を、1年ごとに指定された時間履修することが義務付けられている。これに関連し、国立中央博物館の「遺物管理部」[6]は、毎年、国立博物館の学芸士を対象とし、博物館資料の管理に関する講義を開設している。

　以上のように、国立博物館では新規学芸士を対象とした博物館業務全般に関する教育を実施することによって、博物館業務に関するプロセスの理解や、間接的な経験を提供している。また、博物館資料の管理に関する教育プログラムを反復的に学習させることにより、博物館資料を取

り扱ううえでの注意事項を持続的に喚起している。

　これ以外に、国立中央博物館は毎年2回、公立・私立博物館の学芸士を対象に、「学芸士職務教育」を実施している。その対象は国立博物館が許可した、学芸士資格の新規取得者及び博物館・美術館従事者である。参加費は無料で、毎回、先着順で50名を対象にオンラインで受付を実施している。教育内容は主に博物館の動向、所蔵品の管理・展示・教育等で、2日間で集中的に実施される。実際、オンラインで提供される博物館学と実務に関する教材（PDF）は、公立・私立博物館の学芸士の学習マニュアルとして高い評価を受けている。その主題と主な内容は、表2のように整理される。

　上述のように、韓国において、大学での博物館専門人材育成には課題や限界がある。現在、大学は学芸士を育成するための教育の場の一つとなっているが、博物館の実務に対する本格的な教育はほとんど行われていない。学芸士の役割である収集、管理、保存、調査、研究、展示、教育に関する全般的な実務教育は、実際には博物館等の機関内部における教育が中心となっている。そのため、機関の規模と重点事業によって業務に対する理解度も異ならざるをえない。

　こういった状況のなか、国立博物館を中心に体系的な博物館職務教育システムが構築され、とくに博物館資料の管理に関する実務を主とした反復教育が実施されている。また、国立博物館は公立・私立博物館の学芸士の実務に対する理解度を標準化するため、定期的な学芸士職務教育を実施し、学芸士教育の重点的な役割を果たしている。

　しかしながら、国立博物館を中心とする専門人材育成は、学芸士資格の水準に留まっているのが現状である。博物館専門人材の職務能力開発に関して、国家職務能力標準（NCS）と国際博物館会議・人材育成国際委員会（ICOM-ICTOP）の教科課程の指針に基づくことにより、職業の専門性を高め、業務の生産能力を向上させることが可能とされている（오 2012）。このような観点から、現在、韓国では国立中央博物館が中心となって、博物館業務の専門性強化が推進されている。実際に、展示、教

表2　国立中央博物館による博物館専門人材育成教材の主題と主な内容

	主　題	主な内容
1	博物館の設立と運営	①博物館の定義　②博物館の種類と設立・運営 ③学芸士資格制度　④博物館協力網 ⑤博物館所蔵品　⑥博物館展示　⑦博物館教育 ⑧博物館マーケティング　⑨博物館の役割
2	博物館振興法制の 理解と実務	①博物館・美術館法　②博物館設立計画・登録法 ③学芸士制度法　④運営法
3	博物館所蔵品の 収集と管理	①収集政策　②収集方法　③文化財の国家帰属　④登録 ⑤格納と管理　⑥博物館内の移動　⑦貸与と運送 ⑧管理の電算化　⑨収蔵庫施設と管理　⑩公開と著作権
4	博物館資料の 科学的保存処理	①保存科学の理解　②処理　③保管環境　④木漆工芸 ⑤紙製品　⑥金属類　⑦発掘品
5	博物館の展示企画 のための実務	①展示の概念と歴史　②展示政策　③展示の分類 ④展示企画　⑤展示対象　⑥展示要素 ⑦展示実務（動線、配置、技法） ⑧博物館ごとの展示法　⑨評価
6	博物館専門人材のための 博物館教育の実際	①博物館教育の特徴　②プログラムの探求 ③教育担当者の役割　④子ども・青少年向けプログラム ⑤成人向けプログラム　⑥社会的弱者向けプログラム ⑦教授及び学習理論　⑧統合的教育理論 ⑨企画及び実践、評価　⑩展示解説士の役割 ⑪参加体験型展示と子ども博物館
7	博物館マーケティング	①博物館の公益性の拡張　②博物館マーケティングの理解 ③博物館観覧の製品的属性　④観覧客消費心理学 ⑤質問調査法　⑥マーケティング企画及び製品 ⑦博物館の市場価格と流通先
8	博物館の社会的役割	①博物館政策の変化（知識基盤産業化、グローバル化） ②博物館観光産業の拡大 ③オンライン・オフライン結合サービスの拡散 ④運営形態の変化（独立法人化の事例等） ⑤21世紀の博物館の役割

育、保存を担当する学芸士、Exhibition Designer（展示デザイナー）、Registrar（登録担当者）など、細分化された専門人材の採用が行われ、博物館業務の専門性が高まりつつある。ただし、国立博物館を除く公立・私立博物館では、1・2名の学芸士がほぼすべての業務を担当せざるをえず、専門性を有する内容については国立博物館の支援を受けているのが実情である。

おわりに

　韓国では博物館、美術館、科学館、動物園、水族館等の博物館関連施設の種別により、所管や法令が分化している点が特徴である。本稿では主に博物館専門人材育成を議論の対象とした。

　韓国における博物館と関連法制度の歴史の概要は次の通りである。20世紀初頭に近代的な博物館が成立するが、その前後に日本の植民地支配が開始・本格化し、直後に朝鮮戦争という混乱期を迎えた。その後、1972年の文化芸術振興法制定や1984年の博物館法制定など、博物館関連法制度の本格的な整備を基盤に、現在では世界でも有数の博物館施設、博物館数、来館者数を誇るようになった。2004年の第20回ICOMソウル大会開催をひとつの契機とし、以降も博物館のグローバル化や多様化が進展している。

　現在の博物館と美術館を規定する主な法令は、1991年に制定された博物館及び美術館振興法である。学芸士は、日本の学芸員と同様、博物館資料に関する収集・管理・保存・展示・調査・研究・教育等、ほぼすべての業務を一括して担っていることが多い。また、韓国では博物館業務担当者に加え、埋蔵文化財を中心とする文化財の調査・研究の担当者を含め学芸士と呼んでいる点が特徴である。

　韓国における博物館専門人材育成は、博物館が担っている部分が大きい。具体的には、国立博物館が中心となって、標準化された体系的な教育システムやマニュアルを構築しており、公立・私立博物館でもこれが活用されている。近年は博物館専門人材の職務能力開発が推進され、国立博物館ではExhibition Designer、Registrarなどの細分化された専門人材が採用されている。

　大学も学芸士の育成・教育の場の一つである。近年は学芸研究士班の編成など、学芸士採用を目指した博物館の実務教育が重視される傾向にある。一方で、専門分野や学術的な教育とのバランスをどのように保つかといった課題を抱えている。

＊

1から3は三阪、4は金が主に執筆し、両名が全体を補足した。金は韓国の国立博物館での勤務経験を有し、現在、韓国の大学で博物館専門人材育成に携わっている。三阪は韓国の博物館での調査経験を有し、現在、日本の大学で博物館専門人材育成に携わっている。これらの経験に基づき、本稿では韓国における博物館専門人材育成について議論した。

　なお、現在、北朝鮮の博物館専門人材育成を知ることは難しいが、韓国の張慶姫は2000年から約10年、つまり、金大中政権から盧武鉉政権時代の南北関係が比較的な良好な時期に、北朝鮮において博物館に関する調査を実施した。その成果は2008年に『平壌朝鮮中央歴史博物館』（장2008）、2010年に『北朝鮮の博物館』（장2010）として出版され、後者は2018年に日本語版も出版されている。後者では北朝鮮の博物館の沿革、規模、組織、法制度について簡潔に整理され、加えて国立博物館13館の展示内容が紹介されている。

註
（1）　博物館関連法令については、国家法令情報センター（http：//www.law. go.kr/）（2020年1月10日閲覧）に掲載された下記を参照した。
　　「科学館の設立・運営及び育成に関する法律」（略称：科学館法）［施行2019.6.25］［法律第16010号、2018.12.24、一部改正］
　　「動物園及び水族館の管理に関する法律」（略称：動物園水族館法）［施行2019.7.1］［法律第16165号、2018.12.31、他法改正］
　　「博物館及び美術館振興法」（略称：博物館美術館法）［施行2018.11.17］［法律第15817号、2018.10.16、一部改正］（※なお、2020年5月27日に博物館及び美術館振興法［法律第16597号、2019.11.26、一部改正］が施行予定であるが、本稿では現行法である法律第15817号を参照した。）
　　「博物館及び美術館振興法施行令」（略称：博物館美術館法施行令）［施行2019.7.2］［大統領令第29950号、2019.7.2、他法改正］
　　「博物館及び美術館振興法施行規則」（略称：博物館美術館法施行規則）［施行2019.10.7］［文化体育観光部令第371号、2019.10.7、他法改正］
（2）　註1と同様。なお、法令の日本語訳に関する文責は三阪による。
（3）　施行令第2条によると、条件を満たせば動物園・植物園・水族館も博物館と認められる。ただし、法第5条に「他の法律により登録した施設

は除外する」と定められている。この点から、すでに環境部と海洋水産部が所管し、「動物園及び水族館の管理に関する法律」に規定されている動物園や水族館は、博物館及び美術館振興法上の博物館としての登録はできないと推定される。

(4) 「教科科目」は日本の大学での卒業に必要な必修科目に相当し、「非教科科目」は必修科目ではない科目や単位を与えられない科目に相当する。

(5) 学士課程において博物館学科が存在する大学は、同徳女子大学校キュレーター学科のみである。大学院では慶熙大学校、明知大学校、中央大学校、国民大学校、漢陽大学校、同徳女子大学校において博物館学と関連する学位課程が開設されている。

(6) 日本では「遺物」という用語は埋蔵文化財に対して使用されることが多いが、韓国では「遺物」は埋蔵文化財だけではなく、博物館資料のうち歴史的価値をもつ資料全般を意味する場合が多い。

引用・参考文献
【日本語】
植野浩三 2005「韓国博物館の現状」『総合研究所所報』13、奈良大学総合研究所、57-74

大橋敏博 2004「韓国における文化財保護システムの成立と展開：関野貞調査（1902年）から韓国文化財保護法制定（1962年）まで」『総合政策論叢』8、島根県立大学総合政策学会、173-245

金 賢貞 2019「韓国における博物館の変容と文化政策」『亜細亜大学学術文化紀要』35、37-70

五月女賢司 2014「韓国におけるICOM大会開催とその影響」日本博物館協会編『平成25年度文部科学省委託事業：諸外国の博物館政策に関する調査研究報告書』、89-91

全 京秀 1999「韓国博物館史における表象の政治人類学：植民地主義、民族主義、そして展望としてのグローバリズム」『国立民族学物館研究報告』24 (2)、247-290

長畑 実 2009「韓国における博物館の発展と新たな挑戦」『大学教育』6、189-197

日本博物館協会編 2014「諸外国における博物館政策の現状：韓国」『平成25年度文部科学省委託事業：諸外国の博物館政策に関する調査研究報告書』、49-53

朴 燦一・宮崎 清 1998「韓国の博物館の歴史的変遷と現状および課題」『デザイン学研究』44 (5)、11-20

閔　鎭京　2019「韓国」文化庁地域文化創生本部事務局総括・政策研究グ
　　ループ『諸外国における文化政策等の比較調査研究事業報告書［概要版］：
　　平成 30 年度文化行政調査研究』、60-77
文部科学省　2019「平成 30 年度社会教育調査中間報告について」htt
　　ps://www.mext.go.jp/b_menu/toukei/chousa02/shakai/kekka/k_deta
　　il/1419659.htm（2020 年 1 月 10 日閲覧）
文部科学省　「博物館法制度上の博物館の区分と現状」https://www.mext.
　　go.jp/b_menu/shingi/chousa/shougai/014/shiryo/06101611/011.htm
　　（2020 年 1 月 10 日閲覧）

【韓国語】

간송미술문화재단「미술관 소개」http://kansong.org/museum/museum_
　　info/（2020 年 1 月 10 日閲覧）
국립경주박물관「박물관 소개」http://gyeongju.museum.go.kr/kor/html/
　　sub10/1001.html（2020 年 1 月 10 日閲覧）
국립공주박물관「연혁」https://gongju.museum.go.kr/gongju/html/sub1/
　　010402.html（2020 年 1 月 10 日閲覧）
국립민속박물관「박물관 연혁」https://www.nfm.go.kr/home/subInd
　　ex/196.do（2020 年 1 月 10 日閲覧）
국립부여박물관「박물관 소개」http://buyeo.museum.go.kr/modedg/ 박물
　　관소개（2020 年 1 月 10 日閲覧）
국립중앙박물관「연혁 및 발자취」https://www.museum.go.kr/site/main/
　　content/history_1945（2020 年 1 月 10 日閲覧）
문화체육관광부편　2019『전국 문화기반시설 총람』
오명숙　2012「박물관 전문인력 직무능력개발제 방안연구 : 국가직무능력
　　표준（NCS）과 ICOM-ICTOP 의 교과과정지침을 기준으로」『박물관학보』
　　22、35-52
윤금진　2003「박물관 전문인력 양성에 관한 연구 : 학예사를 중심으로」『박
　　물관학보』6、261-288
인천시립박물관「연혁」https://www.incheon.go.kr/museum/MU010602（2020
　　年 1 月 10 日閲覧）
장경희　2008『평양 조선중앙력사박물관』、예맥
장경희　2010『북한의 박물관』、예맥（張　慶姫著、池　貞姫・村上和弘・
　　松永悦枝訳　2018『北朝鮮の博物館』、同成社）

【英語】

Lee, Nan-young. 1986. Museums in the Republic of Korea. *Museum* 149, pp.30-35.

9 日本における学芸員の キャリア形成の現状と課題

德澤啓一

はじめに

わが国の博物館は、社会教育法第9条の定めるとおり、「社会教育のための機関」であり、また、博物館法第1条のとおり、「教育、学術及び文化の発展に寄与する」ための文教政策を担う知の拠点という位置付けである。また、博物館の専門人材として、博物館学芸員（以下「学芸員」という）がその機能と役割を担うことになっている。

このうち、学芸員に関しては、文字どおり博物館資料のキュレーションを担う欧米のキュレーターと比較すると、学術研究というより、展示等を通じた教育、来館者との学習交流を中心的な業務としており、欧米のエデュケーター、コミュニケーター、あるいは、アテンダントに相当するという見方がある。こうした明治・大正期の通俗教育に発する日本型キュレーターの「仕事」を改善し、欧米に比肩する学術性の高い専門人材を養成するため、近年、学芸員の資質の向上を図るための制度設計が議論されている[1]。

しかしながら、国や地域の実情に応じて、博物館と専門人材の果たす使命が異なるとおり、まずは、学芸員という日本型キュレーターが果たしてきた「教育、学術及び文化」に対する貢献を総括し、これから求められる学芸員の役割を精査することが先決である。その上で、日本型キュレーターに相応しい新しい資格制度と養成課程を再構築していく必要がある。

　現在、学芸員の養成課程は、同じく社会教育専門職である図書館司書、社会教育主事と比較して、カリキュラム編成、履修システム、教員審査等にいくつかの課題が指摘されている。また、資格取得から任用され、昇任、昇格（異動を含む）する中で、ポジションとその環境に応じた能力開発が必要になる。こうしたキャリアショックに対処するための適応手段を整備・提供することが、学芸員がキャリアを継続する上で、また、博物館が事業を承継する上で、きわめて重要な仕組みとなる。

　ここでは、こうした問題意識のもとで、わが国の学芸員としてのプロファイルを資格取得から追いながら、取り巻く現状と課題を整理することにしたい。

1　資格制度と養成課程

　わが国では、ほとんどの場合、国公私立 300 大学で開講されている養成課程において、「博物館に関する科目」を単位修得することで、国家資格である学芸員の資格を取得している現状がある。

表1　学芸員資格取得に必要な「博物館に関する科目」と単位の新旧比較（必修科目のみ）

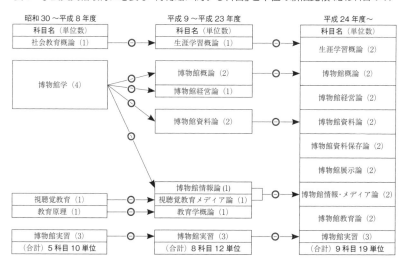

そのため、学芸員の質に関しては、養成課程各科目の内容と教員組織等に依存し、その学修の成果に左右されることになる。平成23年度までの旧カリキュラムは、図書館司書[(2)]、社会教育主事[(3)]と比較して、表1～3のとおり、科目数・単位数が少なく、学芸員に必要な最低限の学修が積み上がらないという指摘があった。そのため、平成24年度からの新カリキュラムでは、図書館司書24単位（必修科目22単位・選択必修科目2単位）、社会教育主事24単位（必修科目21単位・選択必修科目3単位）に対して、学芸員23単位（必修科目19単位・選択必修科目4単位）となり、単位数だけを見ると、同等の取り扱いになった。

ただし、学芸員の選択必修科目を見ると、文化史、美術史、考古学、民俗学、自然科学史、物理、化学、生物学、地学等となっており、図書館司書や社会教育主事と比較して、「博物館に関する科目」としての学修の必然性が高い科目設定になっているとはいえないようである。

また、学芸員の必修科目に関しては、一部の大学において、専門科目等を用いて「博物館に関する科目」の不適切な読み替えが行われたという指摘があるとおり[(4)]、各大学の養成課程の実態を詳らかにし、カリキュラム編成、履修システム等の課題を明らかにする必要がある。

表2　図書館司書の資格取得に必要な科目・単位（平成21年度以降）

科目名（単位数）
甲群（必修科目）
生涯学習概論（2）
図書館概論（2）
図書館制度・経営論（2）
図書館情報技術論（2）
図書館サービス概論（2）
情報サービス概論（2）
児童サービス概論（2）
情報サービス演習（2）
図書館情報資源概論（2）
情報資源組織論（2）
情報資源組織演習（2）
乙群（選択必修科目）
図書館基礎特論（1）
図書館サービス特論（1）
図書館情報資源特論（1）
図書・図書館史（1）
図書館施設論（1）
図書館総合演習（1）
図書館実習（1）
以上のうち2単位を修得
（合計）13科目24単位

表3　社会教育主事の資格取得に必要な科目・単位（令和2年度以降）

科目名（単位数）
（必修科目）
生涯学習概論（4）
生涯学習支援論（4）
社会教育経営論（4）
社会教育実習（1）
社会教育特講（8）
（選択必修科目）
社会教育演習（3）
社会教育実習（3）
社会教育課題研究（3）
以上のうち3単位を修得
（合計）6科目24単位

表4　大学設置基準にもとづく学修時間の例(1 コマ =90 分 =2 時間換算[8])

授業形態	単位計算基準	授業回数	学習時間内訳（時間）			
			事前学修	授業時間	事後学修	合計
講義 a	15 時間の授業（授業時間外の学修 30 時間）で1 単位	1 コマ× 7.5 週	15	15	15	45
講義 b	30 時間の授業（授業時間外の学修 60 時間）で2 単位 ＊「博物館に関する科目」（博物館実習を除く）が該当	1 コマ× 15 週	30	30	30	90
実習 a	30 時間の授業（授業時間外の学修 15 時間）で1 単位 ＊「博物館に関する科目」のうち博物館実習が該当	1 コマ× 15 週	7.5	30	7.5	45
実習 b	45 時間の授業（授業時間外の学修なし）で1 単位 ＊「博物館に関する科目」のうち博物館実習が該当	1.5 コマ× 15 週	0	45	0	45

　こうした「博物館に関する科目」の読み替えの背景としては、カリキュラムの過密化、あるいは、教職や図書館司書等とのデュアルライセンスの取得を挙げることができる。教養教育、語学教育、専門教育、そして、資格教育を併進させる中で、学部・学科の教育の目標と方針を達成するためには、カリキュラムを精選しなければならないという事情がある。

　すなわち、1 講義あたり 15 週の授業期間を確保した上で、例えば、2単位の授業科目は、授業時間 90 時間の学修を必要とし、2 時間（実時間1 コマ 90 分）の授業時間と 4 時間（実時間2 コマ 180 分）の授業時間外の事前学修及び事後学修を積み上げるという大学設置基準[5]をクリアしなければならない。通年 30 週のうち、1 日あたり2 コマの講義を履修した場合、すなわち、通年 40 単位を修得するためには、1 日あたり授業時間 3 実時間と予習復習 6 実時間、合計 9 実時間の学修時間を確保しなければならなくなる。寝食その他を考えると、大学での学びの時間が限られることになり、多くの大学では、履修科目の登録の上限[6]、いわゆるキャップ制を導入し、「単位の実質化」[7]を図るようにしている。

　そのため、履修システムを「工夫」し、キャップの上限を超えないように修得単位数の総量規制をかけるためには、卒業要件、資格要件等のセグメントを横断する科目、すなわち、読み替えによる科目の重複利用を行なわなければ、「単位の実質化」を図ることができなくなったと考えられる（表4）。

　一方、海外に目を向けると、ルーブル・スクール[9]に代表されるよう

表5 国立大学法人佐賀大学 芸術地域デザイン学部（学科）地域デザインコースのカリキュラム

（国立大学法人佐賀大学 大学案内2021「カリキュラム一覧」(p.41) から抜粋）

		1年次	2年次	3年次	4年次
	学部共通科目	学部共通コア科目 ＊地域デザイン基礎 （デザイン、キュレーション、フィールドワーク） ・デザイン発想論 ・デジタル表現基礎 ・流通論 ・職業キャリア論 ・マーケティング論 ・文化経済論 ・アートマネジメント ・比較オリエンタリズム研究 ・Key Concepts in Art	・芸術文化・地域創生論（国内外地域プロジェクト事例研究） ・知的財産権学 ・地域再生デザイン学 ・アートと科学	学部共通コア科目 ・有田キャンパスプロジェクト ・地域創生フィールドワーク ・国内外芸術研修	・卒業研究
専門教育科目	コース基礎科目	・博物館概論 ・ランドスケープ ・美術史基礎	・地域再生論 ・ヘリテージマネジメント論 ・社会政策 ・コミュニティビジネス ・International Communication and Art I ・地域情報マネジメント演習 ・経営・流通演習 I・III ・フィールドデザイン演習 I ・規模伝達デザイン ・エリアスタディー演習 I ・情報デザイン I ・コンテンツデザイン I ・映像デザイン I	・地域マネジメント論	・卒業研究
	ツーリズム地域デザイン		・デザインプロジェクト演習 ・地域ブランディング演習 ・コミュニケーションデザイン論 ・メディアアート論 ・コミュニケーションデザイン演習 ・メディアアート演習 ・地域ブランディング論	・コンテンツデザイン II・III ・情報デザイン II・III ・映像デザイン II・III ・インターンシップ ・メディアプレゼンテーション ・デザイン実践セミナー	・卒業研究
	キュレーション	・マーケティング論	・キュレーション基礎 ・博物館経営論 ・博物館資料論 ・博物館展示論 ・博物館資料保存論（芸術と倫理を含む） ・博物館情報・メディア論 ・博物館教育論 ・工芸理論 ・美術史 I・II・III ・博物館実習 ・キュレーション応用 I ・美術史演習 I ・キュレイティング論 ・アートプロデュース論 ・アートプロデュース演習 ・現代美術概論	・博物館学外実習 ・アートマネジメント特別講義 ・アートプロデュース演習 II ・キュレーション応用 II ・インターンシップ	・卒業研究
	デザイン・フィールド	・風土と地理学	・考古学 I・II・III ・アーカイブス論 ・考古学演習 I・II ・都市空間論演習 I ・地域史論 I・II ・都市・地域空間論 ・陶磁史 ・考古学演習 I（室内）・製図 ・文化財の保存と活用 ・アートキュレーティング演習 ・Critical Studies in Language and Image I・II・III ・Intercultural Communication and Art I・II	・地域史論 III ・地域資源論 ・古文解読演習 ・地域雇用政策論 ・都市空間論 II ・経営・流通演習 II・IV ・フィールドデザイン演習 II ・Art in Context ・博物館の政治学 ・インターンシップ ・エリアスタディー演習 II ・考古学実習 II（野外） ・地域史演習 II ・地域調査分析	・卒業研究

187

に、大学等の高等教育機関において、博物館学の専門教育が行われている。また、わが国では、学芸員養成を主目的とする学部・学科・コース等は非常に限られているものの、佐賀大学芸術地域デザイン学部（学科）（表5）[10]、あるいは、桜美林大学リベラルアーツ学群統合型プログラム[11]等の事例に見られるように、学部・学科の設置の趣旨にあわせて、専門科目の中に「博物館に関する科目」を入れ込むことで、専門教育と資格教育を並列化することで、「単位の実質化」に繋げているところがある。

　このような「単位の実質化」を図るさまざまな取り組みの事例を踏まえながら、養成課程のカリキュラムの見直しと履修システムの工夫が必要になってきていることに留意する必要がある。

2　上級資格制度

　近年、学芸員の「資格の高度化」を主張する論調とともに、表6のように、大学院における養成課程を上積みする上級学芸員制度の創設が提言されている（日本学術会議史学委員会博物館・美術館等の組織運営に関する分科会 2017・2020）[12]。

　実際、國學院大學大学院[14]等のように、専攻分野として、高度な博物

表6　認証博物館制度移行に伴う学芸員の区分案[13]

（日本学術会議史学委員会博物館・美術館等の組織運営に関する分科会 2020 抜粋一部改変）

	登録博物館制度（現行）		認証博物館制度（新規）	
移行措置	登録博物館	一括自動移行 →	二級認証博物館（申請すれば一級認証博物館となるも可）	二級認証博物館から一級認証博物館への級別変更も可能（要申請及び認証）
	学芸員	種別移行 →	一種学芸員 二種学芸員	一種学芸員と二種学芸員の種別基準・勤続年数・学芸員経験年数
新規認証・新規認定	博物館相当施設 博物館類似施設 独立行政法人の国立館 など	個別認証申請 →	一級認証博物館 二級認証博物館	二級認証博物館から一級認証博物館への級別変更も可能（要申請及び認証）
	学芸員養成課程履修者 学芸員認定試験合格者	個別認定申請 →	一種学芸員 二種学芸員	一種学芸員と二種学芸員の種別基準・学芸員経験年数・大学院修士課程修了・リカレント研修・インターンシップ等修了

館学教育を実践することによって、資料保存、教育、経営、展示等に関する高度な専門人材の養成が目指されている事例が見られる。

　しかしながら、わが国では、法的な位置付けからすると、社会教育施設としての博物館であり、社会的な要請の観点からしても、学術に対する貢献というより、まずは、資料の収集、整理保管、調査研究等の活動が博物館での教育に活かされる仕組みを優先するなどの「資格の高度化」の方向性を議論することも必要である。

　また、ほとんどの大学では、博物館学教育のプログラムを担う教員が不足しており、博物館学を専門とする教員、あるいは、博物館の実務に精通する教員が必ずしも適正に配置されているとは言い難い。また、教職課程と比較して、博物館学に関する研究業績や実務経験等の実績に関する担当教員の審査のハードルが低く、また、定期的な受審制度のないことがこうした高度な人材養成の担い手不足を助長している。

　少なくとも、カリキュラム、担当教員の変更の際には、教職課程と同じように、シラバスと教員の資質の点検を通じて、養成課程における博物館学教育の質保証を図る取り組みが必要といえる。

3　ライセンス・ホルダーのキャリア形成と社会実装

　日本学術会議が提言する上級学芸員制度のように、大学院修了の要件を任用時の格付けとする考え方があるものの、諸外国のように、任用後の学芸員歴の審査や試験をもとに、職位・職階を認定するという選択肢もある。わが国では、任用後のキャリアを評価する制度として、公益社団法人日本図書館協会認定司書事業委員会による「認定司書」[15]がある。

　上級学芸員制度の是非を別にして、学芸歴等を専門的見地から評価するに仕組みは、学芸員としての望ましいキャリア・パスを示すことでもある。地方公共団体等での昇任・昇格、そして、異動等の人事評価の指標に反映され、学芸員の自己点検の目安となることで、職場での地位や所得、退職後のライフデザインを見据えた計画的なキャリア形成を促すことに繋がり、結果として、学芸員自身と博物館組織の成長に結び付け

ることができる。

　また、毎年の学芸員資格取得者の就職に関する統計を見ると、任用先とその数が限られており、学芸員の採用がきわめて低調である[16]。そのため、学芸員養成課程に関する論著の中には、博物館や教育委員会等以外の任用先がないため、「博物館のよき理解者・よき支援者を養成する」[17]理解者教育と位置付けることで了解を得ようとする記述も見られる。

　一方、同じような任用資格である「社会教育主事」に関しては、資格保持者に「社会教育士」[18]の称号を付与することで、さまざまなセクターでの任用を見込もうとしている。また、図書館司書講習、社会教育主事講習のような講習制度は、まさに、社会教育が担うリカレント教育の実践を通じて、専門職に対するキャリアを開く道筋となっている。

　このように、専門職歴の評価制度、有資格者のキャリアパスの多様性の確保、そして、社会に対する有資格者の実装といった仕組みは、今後の学芸員の資格制度の再設計において、大いに見倣うべきところといえる。

4　定数規定と専任規定

　1973年（昭和48）「公立博物館の設置及び運営に関する基準」（以下「48基準」という）に定められていた「第12条　都道府県及び指定都市の設置する博物館には、17人以上の学芸員又は学芸員補を置くものとし、市（指定都市を除く。）町村の設置する博物館には、6人以上の学芸員又は学芸員補を置くものとする」（表7）という条項は、1998年（平成10）9月生涯学習審議会答申[19]等の規制改革の流れの中で、定数規定が削除されることになった。

　2011年「公立博物館の設置及び運営上の望ましい基準」では、「各業務の分担の在り

表7　「48基準」別記10第12条関係
本条第1項の17人6人の職務内容別の内訳は、左の表に掲げるとおりである

区分	都道府県立・指定都市立	市町村立
ア　第8条の教育活動及び資料に関する研究を担当する者	8人	3人
イ　1次資料の収集、保管、展示等を担当する者	8人	3人
ウ　2次資料の収集、保管等を担当する者	1人	

方、専任の職員の配置の在り方、効果的な複数の業務の兼務の在り方等について適宜、適切な見直しを行い、その運営体制の整備に努めるものとする」とされた。

　また、専門職としての身分が保障されていた学芸員は、任用後の人事異動が行われ、人材開発等を名目にした異職種従事等を通じた人事交流が行われていたものの、その流れが加速するようになった。また、新規採用に関しては、一般職あるいは教員として採用することで、配置転換を容易にする採用を図られるようになった。また、「博物館行き」という言葉は、「古くなって使えなくなったモノ」を博物館に引き取ってもらうという意味で使われてきたが、これが別の意味合いで人事評価の場面で用いられることもある。また、こうした規制改革の流れが、人材の流動性が乏しく、硬直化しやすい組織風土にあった博物館の改善に役立てられたという見方があることも事実である。

　一方、定数撤廃に伴う専門職の削減と専任規定の撤廃に伴って、学芸員の不足を補うために、一般職や教員等を補充するような弥縫的措置は、博物館の組織力を低下させてきた。博物館資料の整理保管と恒久的な保存に象徴される博物館事業の承継は、きわめて長期間にわたる一貫した積み上げ式であり、責任ある立場の学芸員の引責事項である。また、博物館の対外的信用は、博物館の伝統や実績に裏付けられた格式、そして何より学芸員の力量で見計らわれる。これらを損なうことの弊害は、資料の借用をはじめとするさまざまな業務を阻害することに繋がり、その後の指定管理者制度の導入で助長されたと見る向きは少なくない[20]。

　博物館の持続的な事業承継を可能にするためには、「48基準」のような制度設計はきわめて有効であり、専門職のボリュームを増やし、分業協業体制を構築することで、自らの専門性を軸とした職務に専念できるような分掌設計、また、これを複数の学芸員が情報共有し協働する働き方を実現することで、人事異動等の流動性に堪えられる組織の強靭化に繋げることができると考えられる。

5　専門職としてのキャリアを継続するための研修制度

　博物館と学芸員の関係は、館種と学位を裏付けとする専門性が本質的に結び付いているものの、一方、文化財行政を担う社会教育課等では、行政対応の実態にあわせて、専門人材の専門性に偏りがあることが多い。とくに、事業の頻度や緊急性に対応するために、埋蔵文化財の発掘調査を担う専門セクションが設置されている地方自治体が多く見られるとおり、他分野と比較して、考古学を専門とする学芸員が多く配置されている傾向がある。そのため、彼らは、文化財の多様な種別に対する汎用的な対応とその役割を求められることがあり、専門人材の異分野従事が不可避な状況になっている地方自治体も少なくない。

　また、わが国の多くの博物館は、社会教育法及び博物館法の定めのとおり、社会教育のための施設として、長らく教育委員会の枠組みの中に位置付けられてきた。しかしながら、2017 年、「文化芸術基本法」、2020 年（令和2）、「文化観光推進法」が成立することによって、文化財の「保護」と「活用」を両輪とする政策に大きく転換した。また、2021年の「文化財保護法」及び「地方教育行政の組織及び運営に関する法律」の改正に伴って、文化財保護事務を教育委員会から経済部等の首長部局に移管する地方自治体が見られるようになった。こうして、「保護」と「活用」を両立させる司令塔的役割が求められ、地域振興、観光交流等の新たな「仕事」と向き合うことになった。

　このように、社会や制度の変更に柔軟に対応し、博物館と学芸員に求められる新たな職能を獲得し、スキル・ギャップを解消するためには、資格の更新制度や持続的な能力開発のための研修制度が現実的で有効であるといえる。

　とくに、小規模な地方自治体や博物館では、先任学芸員からの指導、あるいは、実務経験の積み重ねに任せる自己研鑽に頼ってきた嫌いがある。また、表8のような研修会等が開催されているものの、こうした既定業務に加えて、「文化芸術基本法」、「文化観光推進法」等の新たな制度に対応するため、研修の機会が必要不可欠になっている。しかしなが

表8　令和3年度 学芸員・文化財保護専門技術者等の研修会等一覧（文化庁等関係）[21]

研修会名	趣　旨
博物館長研修	新任の博物館長に対し，社会教育施設としての博物館の役割と機能，管理・運営・サービスに関する専門知識，また，博物館を取り巻く社会の動向などについて学ぶ機会を提供し，博物館運営の責任者としての力量を高める。
博物館学芸員専門講座	学芸員として必要な高度かつ専門的な知識・技術に関する研修を行い，都道府県・指定都市等での指導的立場になりうる学芸員としての力量を高める。
ミュージアム・マネジメント研修	博物館の管理運営に関わる職員を対象に，企画及び管理運営に必要な専門的知識ならびに博物館を取り巻く社会動向について研修を行う。
ミュージアム・エデュケーション研修	博物館の現職学芸員等を対象に，教育普及を企画・運営するために必要な知識・技能を習得する研修を行う。
〈委託事業〉学芸員等在外派遣研修	博物館に勤務する学芸員又は学芸員補を諸外国の博物館等に派遣し，先進的な博物館における展示，教育普及活動及び博物館行政等に関する調査を行い，その研修成果を国内の博物館施策に反映させるとともに地域の学芸員等専門職員の研修・職務において有効に活用させる。
文化財行政講座	文化財行政の遂行に必要な基礎的事項及び実務上の課題に関する研修。
「文化財保存活用地域計画」研修会	「文化財保存活用地域計画」の作成に必要な事項，実務上の課題，事例紹介に関する研修（実地研修含む）。
「文化財保存活用支援団体」研修会	「文化財保存活用支援団体」の概要や指定のための基礎的事項についての研修。
歴史民俗資料館等専門職員研修会	歴史資料，考古資料，民俗資料等の調査，収集・保存，公開等に必要な専門的研修を行う。
民俗文化財担当者会議	民俗文化財事務の適正な遂行を図るため，これに従事する行政担当者に対して必要な事項の連絡等を行い，もって民俗文化財保護の充実を図る。
指定文化財(美術工芸品)企画・展示セミナー	有形文化財（美術工芸品）の公開に関する専門的知識・技能の研修を行う。
文化財(美術工芸品)保存修理講習会	文化財（美術工芸品）の修理に関わる専門的知識等の研修。
国宝・重要文化財（美術工芸品）防災・防犯対策研修会	都道府県教育委員会や美術館・歴史博物館の職員等に対し，国宝・重要文化財（美術工芸品）等の効果的な防災・防犯対策及び国庫補助事業の説明並びに文化財保護法上必要な手続きについての研修を実施し，文化財の適切な活用，保存及び継承を図る。
公開承認施設連絡会議	都道府県教育委員会や公開承認施設の美術館・博物館の職員等に対し，国宝・重要文化財（美術工芸品）等の適切な保存管理及び安全な公開活用の事例紹介並びに保護法上必要な手続きについての説明を実施し，公開承認施設における文化財の適切な公開活用，保存及び継承を図る。
美術刀剣刀匠技術保存研修会	新たに美術刀剣類の製作承認申請をしようとする者を対象に，日本刀に対する正しい基礎知識及び鍛錬技術の研修を行い，もって一層の技量の向上を図り，併せて刀匠としての意識の涵養を図る。
銃砲刀剣類登録事務協議・登録鑑定実技講習会	銃砲刀剣類登録規則(昭和33年文化財保護委員会規則第1号)に規定する，美術品若しくは骨董品として価値のある火縄式鉄砲等の古式銃砲又は美術品として価値のある刀剣類の登録に当たっての鑑定に関し，実技講習を行うことにより，登録審査委員の資質の向上を図り，もって銃砲刀剣類の登録事務のさらなる円滑化を図る。
埋蔵文化財担当職員等講習会	発掘調査に当たり開発事業者等との協議を担当する地方公共団体の埋蔵文化財担当職員等に，埋蔵文化財行政に必要な知識を習得させることにより，円滑な発掘調査の実施を図ることを目的とする。
文化財マネジメント職員養成研修	文化財保存活用大綱及び文化財保存活用地域計画の策定するうえで，各地方公共団体において，文化財の価値を相対的に把握し，一体的な保存と活用を企画・立案する専門的な人材を養成することを目的とする。
文化的景観保護実務研修会	制度の概要と運用における留意事項，保護の課題とその取り組み事例等について説明すると共に，国庫補助事業等に係る諸連絡やより良い制度運用に向けた情報提供を行う。
登録有形文化財(建造物)事務担当者連絡会	登録有形文化財建造物にかかる事務手続きの説明や保存活用にかかる取組の報告などを通じて，登録制度の理解促進及び担当者間の情報共有を図る。また現地見学会を通して，保存活用についての実例等を学ぶ。
伝統的建造物群保護行政研修会	伝統的建造物群保存地区に関わる職務遂行に必要な基礎的事項に関する研修。伝統的建造物群の保存に関わる諸問題に的確に対応するために必要な事項に関する研修。
文化財建造物修理主任技術者講習会	文化財建造物保存修理工事の主任技術者として必要な知識及び技術の研修。国宝等の文化財建造物保存修理工事の主任技術者として必要な知識及び技術の研修。
文化財建造物保存修理関係者等連絡協議会	重要文化財建造物保存修理事業等の適正な遂行を図るため，技術上の総括的な指揮監督にあたる者と事業に伴う技術的諸問題について協議をし，もって修理技術の向上と設計監理業務の円滑な実施を図る。

ら、教員免許更新講習が現実と不釣り合いな重厚すぎるカリキュラムで
批判を浴びたとおり、学芸員の現場と現実に即した能力開発プログラム
を実装することが重要である。

　さらに、専門人材の新任、昇任等と同様に、博物館における異職種従
事者である一般職や教員に対しては、庁内における博物館及び学芸員の
理解者を積み増しするために、博物館リテラシーを涵養するとともに、
少なくとも学芸員補としてのスキルとマインドを獲得させる研修プログ
ラム等を設けることが望ましい。こうして、博物館の使命と価値意識を
共有し、一体的に職務に当たる環境を醸成することが、組織風土の改善
とサービスの向上に大きく役立つと考えられるからである。

おわりに

　次世代の日本型キュレーターのあるべき姿には、さまざまな考え方が
あるものの、まずは、博物館学教育において、博物館の基本的な業務に
対応できるように、学芸員としてのミュージアム・ベーシックスを習得
させるプログラムを整備し、これを担う教員組織の拡充が先決である。

　また、わが国には、大学における通学制、通信制の博物館学教育があ
り、通信教育機関である放送大学、学芸員補の資格取得が可能な短期大
学等の養成課程という人材養成のための基盤インフラが整っている。

　これらを活用し、学芸員の出発点である資格取得から任用後のさまざ
まなキャリアショックにあわせて、必要な学び直しを支援するリカレント
スクールを建て付け、持続的な人材養成を支援する仕組みが有効である。

　また、2017年の「経済財政運営と改革の基本方針2017」及び「未来
投資戦略2017」等の新たな動向は、博物館と学芸員の使命と役割が激
変することを予感させる。文化芸術立国を目指す「文化経済戦略」が策
定されたことで、これまでの非営利的な公共性・公益性を優先する館是
が覆され、「稼ぐ文化」という新しい言葉に象徴されるように、さまざ
まな博物館資源を商品市場に組み入れるビジネスモデルが構築されよう
としている。

これまでの収益事業としては、物販、飲食、レンタルスペース、そして、ブロックバスター方式に代表される展覧会の興配収ビジネス等があげられるものの、これらに加えて、近年、デジタルミュージアム構想では、アーカイヴを活用したコンテンツビジネス、リーディング・ミュージアム構想では、リアトリビューションの枠を越えた美術品等の投機的取引等を稼ぐ手段とすることが見込まれている。

　こうした考え方は、文化を資本とする博物館を経済振興の担い手として、学芸員をディーラー、稼ぎ手として、「教育、学術及び文化、そして、経済の発展に寄与する」使命と役割に舵を切ろうとするものである。

　わが国の博物館と学芸員の現行制度に関しては、多岐にわたる課題が指摘されているものの、新しい時代からの要請と期待を感受しながら、これからの社会に相応しい博物館を整備しなければならない時機に差し掛かっている。また、こうした政策や制度の変革が博物館や学芸員の規範や倫理を乗り越えようとする時にこそ、博物館を守り、活かす力を身に付けた有為な人材を養成する枠組みが不可欠となる。

註
（1）　近年の学芸員の資格制度の改正に関する議論は、下記の提言・文献に詳しい。
　　日本学術会議史学委員会博物館・美術館等の組織運営に関する分科会 2017『21 世紀の博物館・美術館のあるべき姿―博物館法の改正に向けて―』
　　日本学術会議史学委員会博物館・美術館等の組織運営に関する分科会 2020『博物館法改正へ向けての更なる提言―2017 年提言を踏まえて―』
　　金山喜昭　2020「日本学術会議史学委員会博物館・美術館等の組織運営に関する分科会が提言する学芸員の二区分案について」『法政大学資格課程年報』Vol.10、法政大学資格課程、pp.55-62
（2）　大学の養成課程で開講されている司書に関する科目は、下記を参照した。
　　https://www.mext.go.jp/component/a_menu/education/detail/__icsFiles/afieldfile/2009/05/13/1266312_2.pdf
（3）　大学の養成課程で開講されている社会教育主事に関する科目は、下記

　　を参照した。

　　https://www.mext.go.jp/a_menu/01_l/08052911/classes.html#about-course

（4）「各大学において必ずしも適切でない科目の読み替えが行われている」
　　（これからの博物館の在り方に関する検討協力者会議　2009『学芸員養
　　成の充実方策について―「これからの博物館の在り方に関する検討協
　　力者会議」第2次報告書（報告）―』）、また、「博物館実習を実験等の
　　他の科目で代替して開講することは適切でないため厳に慎むこと」（文
　　部科学省　2009『博物館実習ガイドライン』）という指摘がある。

（5）「大学設置基準」では、下記のとおり、授業時間と授業時間外の学修
　　を必要とするとしている。

　　（単位）

　　第二十一条　各授業科目の単位数は、大学において定めるものとする。

　　2　前項の単位数を定めるに当たつては、一単位の授業科目を四十五時
　　　間の学修を必要とする内容をもつて構成することを標準とし、授業
　　　の方法に応じ、当該授業による教育効果、授業時間外に必要な学修
　　　等を考慮して、次の基準により単位数を計算するものとする。

　　　一　講義及び演習については、十五時間から三十時間までの範囲で大
　　　　学が定める時間の授業をもつて一単位とする。

　　　二　実験、実習及び実技については、三十時間から四十五時間までの
　　　　範囲で大学が定める時間の授業をもつて一単位とする。ただし、
　　　　芸術等の分野における個人指導による実技の授業については、大
　　　　学が定める時間の授業をもつて一単位とすることができる。

　　https://www.mext.go.jp/b_menu/shingi/chousa/koutou/053/gijiro
　　ku/__icsFiles/afieldfile/2012/10/30/1325943_02_3_1.pdf

（6）「大学設置基準」では、下記のとおり、1年間で修得できる単位数の
　　上限を定めている。とくに、大学基準協会が実施する7年毎の認証評価
　　において、教員養成を含めた資格課程の科目を上限（CAP）に含めて
　　いない大学が厳しい評価を受けていることに留意する必要がある。

　　（履修科目の登録の上限）

　　第二十七条の二　大学は、学生が各年次にわたつて適切に授業科目を履
　　修するため、卒業の要件として学生が修得すべき単位数について、学生
　　が一年間又は一学期に履修科目として登録することができる単位数の上
　　限を定めるよう努めなければならない。

　　2　大学は、その定めるところにより、所定の単位を優れた成績をもつ
　　て修得した学生については、前項に定める上限を超えて履修科目の登録

を認めることができる。

https://www.mext.go.jp/b_menu/shingi/chousa/koutou/053/gijiroku/__icsFiles/afieldfile/2012/10/30/1325943_02_3_1.pdf

(7) 単位の実質化に関しては、「学生が主体的に事前の準備、授業の受講、事後の展開などという学修の過程 に一定時間取り組むことをもって単位を授与し、また、このような学修経験を組織的、体系的に深めることをもって学位を授与するというのが大学制度である」という前提があるものの、「学生に授業時間にとどまらず授業のための事前の準備や事後の展開などの主体的な学びに要する時間を含め、十分な総学修時間の確保を促すことが重要である。しかしながら、実態としては学制の学修時間が不足していることが大きな問題である」と指摘されている。(中央教育審議会大学教育部会　2012　『予測困難な時代において 生涯学び続け、主体的に考える力を育成する大学へ（審議まとめ)』)

(8) 「学内実習は、2単位相当以上とし、延べ60時間から90時間程度以上実施する」とあり、また、館園実習は、「1単位相当以上とし、延べ30時間から45時間程度以上実施する」とある。学内実習60時間・館園実習30時間は、表4の実習a、学内実習90時間・館園実習45時間、そして、「館園実習実施計画例」にある10日間の実習計画例は、表4の実習bの単位計算基準に準拠した設計といえる（文部科学省2009）。

(9) エコール・デュ・ルーブル（Ecole du Louvre）、フランス国立ルーブル学院という。

http://www.ecoledulouvre.fr/ecole-louvre

(10) 1学部1学科でコース制を採用する芸術地域デザイン学部（学科）地域デザインコースでは、「学芸員やキュレーターなどの養成を目指します。芸術のみならず、経営、保存科学などの知識やスキルを駆使して、地域の遺産や資料を保護・管理したり、それらを活用した企画・運営に携わったりするための応用力を身に付けます」（大学案内2021：p.40）とあり、「博物館に関する科目」のすべてが卒業に必要な単位に含まれている。

(11) 「博物館に関する科目」を同時開講で全学展開しており、グローバル・コミュニケーション学群、ビジネスマネジメント学群、健康福祉学群、芸術文化学群、航空・マネジメント学群で資格取得が可能となっている。「博物館（Museum）は、人類が共有すべきさまざまな遺産を未来に継承するための学術・教育機関です。現在では、生涯学習の一環として、観光やまちづくりの拠点として、ますます重要な役割を果たしています。このプログラムでは、博物館とその周辺領域を対象に、教育、経

営、展示、保存科学、情報メディアなどの観点から総合的に学びます、主な科目には、「博物館経営論」「博物館展示論」等があります」（大学案内 2022：p.31）とあり、「博物館に関する科目」のすべてが卒業に必要な単位に含まれている。

(12)　日本学術会議は、学術を担う機関であるとおり、当然のことながら、その立場から博物館と学芸員に期待する使命と役割に関する提言としては正しい方向性であることは理解できるものの、博物館の法的位置付け、あるいは、養成課程を擁する大学、博物館の現場からすると、必ずしも同調できる内容になっていない（金山 2020 など）。

(13)　図1として、「登録博物館制度（現行）から認証博物館制度（新規）への転換及び新規申請に伴う学芸員の区分」として、上級学芸員制度案が図示されている。「学芸員資格を、専門的職員としての基本を身につけるために学部卒で取得できる「二種学芸員」と、さらに高度な専門的知識及び技能を獲得できるよう修士課程修了を要件とする「一種学芸員」の二種類に分ける。新たに「二種学芸員」になった者は、実務経験・リカレント研修・インターンシップ等、または大学院修士修了によって「一種学芸員」として認定される。なお現行の学芸員資格を保有する学芸員は、勤続年数や学芸員経験年数等を基準に「一種学芸員」または「二種学芸員」となる」という区分と基準が案出されている（日本学術振興会史学委員会博物館・美術館等の組織運営に関する分科会2020）。

(14)　文学研究科史学専攻において、日本史学、外国史学、考古学、美学美術史、博物館学コースが置かれている。また、史学専攻のほかに、神道学・宗教学専攻、文学専攻を主専攻とする者が博物館学コースを併行履修することが可能な複専修制度を導入している。また、大学の独自認証資格である「國學院ミュージアム・アドミニストレーター」及び「國學院ミュージアム・キュレーター」の資格を取得することができる。
青木　豊　2008「平成21年度文部科学省「組織的な大学改革推進プログラム」採択による高度博物館学教育に至る経緯と実践」『博物館学紀要』第35輯、國學院大學博物館学研究室、pp.1-18
https://www.kokugakuin.ac.jp/education/fd/graduate/gsol

(15)　認定司書事業委員会は、下記のとおり、認定要件を示している。
　(1)　図書館法第2条に定める図書館（公共図書館〔公立図書館、私立図書館〕）において現在勤務している又は過去勤務していた経験を有すること。なお、対象は正規雇用に限定せず、非正規雇用（非常勤、臨時、委託等）を含む。

⑵　図書館法第4条に定める司書又は司書有資格者。

⑶　勤務経験に関して以下の二つの条件をいずれも満たしていること。

　　ア　図書館法第2条に定める図書館における勤務経験の合計が、司書資格を取得した日から10年以上であること、又は司書資格を取得した日から公共図書館、公共図書館以外の図書館、他の類縁機関の勤務経験の合計が10年（120か月）以上であること。

　　イ　申請時において過去10年間のうち少なくとも5年間（60か月）は図書館法第2条に定める図書館への勤務経験を有すること。」

とある。また、認定司書事業委員会の委員を公募し、外部の第3者機関等に委ねる制度設計に準じる制度設計が行われている。

https://www.jla.or.jp/committees/nintei/tabid/203/Default.aspx

⒃　「学芸員制度各国比較」において、「博物館の7割は資格を採用要件。資格取得者は年間1万人前後と見られるが、このうち学芸員として採用される者は数パーセントとされる（公募48％、特別採用24％のほか、公立博物館は行政職の公務員試験等による採用32％もある）」という採用状況が示されている。

これからの博物館の在り方に関する検討協力者会議　2009『学芸員養成の充実方策について―これからの博物館の在り方に関する検討協力者会議第2次報告書（報告）―』

⒄　1996年の生涯学習審議会社会教育分科審議会報告において「学芸員の資格を有しながら、博物館には勤務していない人が相当いる。博物館活動の充実や生涯学習推進の観点から、その専門的な知識・能力を博物館の諸活動への協力はもとより、地域の様々な学習活動や事業等への支援のために積極的に活用することは有意義であり、そのための方策を推進していくことも重要である」と提言していることも踏まえ、大学の学芸員養成教育において学んだ成果を広く活用するための仕組みの検討や、学芸員資格有資格者の就職先と資格取得の効果についても分析を行う必要がある」等の指摘がある（これからの博物館の在り方に関する検討協力者会議 2009）。

⒅　社会教育士に関する制度は、下記を参照した。

https://www.mext.go.jp/a_menu/01_l/08052911/mext_00667.html

⒆　平成10年9月生涯学習審議会答申「社会の変化に対応した今後の社会教育行政の在り方について」

⒇　「平成21年度図書館・博物館等への指定管理者制度導入に関する調査研究報告書」

https://www.bunka.go.jp/seisaku/bijutsukan_hakubutsukan/shinko/ho

koku/h21/1409565.html

(21) 「令和 3 年度 学芸員・文化財保護専門技術者等の研修会等一覧（文化庁等関係）」から抜粋一部改変
https://www.bunka.go.jp/seisaku/bijutsukan_hakubutsukan/kenshu/pdf/93148701_01.pdf)

おわりに

　当初、令和2年6月に岡山理科大学で予定されていた「全国大学博物館学講座協議会全国大会」にあわせて、国際シンポジウム『東南アジアにおける博物館教育と専門人材の育成』を開催する予定でしたが、COVID-19感染症禍の世界的な流行を受けて、これを延期せざるを得なくなりました。

　このシンポジウムは、公益財団法人りそなアジア・オセアニア財団国際学術交流助成をいただき、東南アジアから発表者を招聘する予定でした。感染症禍は3年目に入りましたが、依然、国際シンポジウムを開催できる見通しが立たないことから、日本人発表者の予稿集の原稿をもとに、まずは本書を出版することにしました。

　なお、こうした趣旨と経緯をご理解いただき、株式会社雄山閣代表取締役社長宮田哲男氏、桑門智亜紀氏には、本書の出版にご支援をいただきました。また、公益財団法人りそなアジア・オセアニア財団、執筆者のみなさんには、シンポジウムの開催の延期とこれに伴う本書の出版にご理解とご協力をいただきました。ここに、お詫びとともに、厚く御礼を申し上げます。

2022年3月

山形眞理子

德澤　啓一

著者紹介 (掲載順)

平野 裕子 (ひらの・ゆうこ)
上智大学 アジア文化研究所 客員所員
専門：東南アジア考古学

菊池 百里子 (きくち・ゆりこ)
東京大学 東洋文化研究所 助教
専門：ベトナム歴史考古学

菊池 誠一 (きくち・せいいち)
元昭和女子大学教授
専門：ベトナム考古学

小田島 理絵 (おだじま・りえ)
東京女子大学 現代教養学部 国際社会学科 国際関係専攻 特任准教授
専門：文化人類学・遺産学・東南アジア地域研究 (ラオス)

丸井 雅子 (まるい・まさこ)
上智大学 総合グローバル学部 教授
専門：パブリックアーケオロジー・カンボジア地域研究

白石 華子 (しらいし・はなこ)
京都大学 東南アジア地域研究研究所 連携研究員
専門：タイ文化財行政・考古学史

中島 金太郎 (なかじま・きんたろう)
長崎国際大学 人間社会学部 国際観光学科 講師
専門：地域博物館史・仏閣博物館・考古学

三阪 一徳 (みさか・かずのり)
岡山理科大学 教育推進機構 学芸員教育センター 講師
専門：東北アジア考古学・博物館学

金 想民 (KIM SANGMIN、김상민)
国立木浦大学校 考古文化人類学科 助教授
専門：東北アジア考古学

編者紹介

山形 眞理子（やまがた・まりこ）

立教大学 学校・社会教育講座 学芸員課程 特任教授
岡山理科大学 経営学部経営学科 教授を経て現職
東京大学大学院人文科学研究科博士課程（考古学専攻）単位取得退学 博士（文学）
専門：東南アジア考古学・博物館学
◉主な著書
「遺跡の保護とその活用」『新博物館園論』同成社、2019
"The development of regional centres in Champa, viewed from recent archaeological advances in central Vietnam." *Champa: Territories and Networks of a Southeast Asian Kingdom.* École française d'Extrême-Orient, 2019
The Ancient Citadel of Tra Kieu in Central Vietnam: The Site and the Pottery. Kanazawa Cultural Resource Studies 14, 2014（編著）

德澤 啓一（とくさわ・けいいち）

岡山理科大学 教育推進機構学芸員教育センター 教授
岡山理科大学 経営学部経営学科 教授を経て現職
國學院大學大学院文学研究科史学専攻博士課程満期修了退学
専門：博物館学・考古民族学
◉主な著書
「ミャンマー南部からタイ中央平原にかけてのモン窯業の展開と変容：タイ・ノンタブリーの土器製作及び焼き締め陶器製作を中心として」『中近世陶磁器の考古学』第15巻、雄山閣、2021
「モン窯業の変遷と地域博物館群の成立」『21世紀の博物館学・考古学』雄山閣、2021
『新博物館園論』（共編著）同成社、2019
「技術と土器の拡散」『やきもの』近代文藝社、2018（分担執筆）

2022年3月25日 初版発行　　　　　　　　　　　　　　　　　　《検印省略》

アジアの博物館と人材教育
—東南アジアと日中韓の現状と展望—

編　者	山形眞理子・德澤啓一
発行者	宮田哲男
発行所	株式会社 雄山閣
	〒102-0071　東京都千代田区富士見2-6-9
	TEL　03-3262-3231㈹／FAX 03-3262-6938
	URL　http://www.yuzankaku.co.jp
	e-mail　info@yuzankaku.co.jp
	振替：00130-5-1685
印刷・製本	株式会社ティーケー出版印刷

ISBN978-4-639-02778-2 C0030
N.D.C.069 208p 21cm